侍従長の回想

藤田尚徳

講談社学術文庫

目次

神奈川県浦賀で傷病者をねぎらわれる昭和天皇と随行の藤田侍従長（左隣）
昭和21年（1946）2月

海軍時代の藤田

侍従長の回想

学術文庫化にあたって

・本書は『侍従長の回想』（講談社、一九六一年）を底本とし、文庫化したものである。
・ルビを大幅に増やした。
・読みやすさを考慮して引用等の体裁をあらためたところがある。
・適宜、送りがなや句読点をおぎなったところがある。
・明らかな誤植は、これを正した。
・引用はできるだけ原文にあたり、異同がある場合は原文にしたがってこれを正した。ただし、以下の資料については著者による要約と見なして底本のままとした（帝国国策遂行要領、ポツダム宣言、ソ連の布告文、連合国側の回答、林語堂の談話）。
・人名や書名、地誌や日時についてはできるだけ他の典拠にあたり、明らかな事実誤認等があると考えられる場合はこれを正した。しかし、天候等、著者が記憶に基づいて記しているると判断した場合はそのかぎりではない。
・適宜、編集部で説明を補足した箇所は［　　］で示した。
・新たに保阪正康氏による解説を付した。

空襲下の四方拝

　昭和二十年の元旦、大内山の森が、まだ明けそめぬ頃から、私は陛下の出御を待っていた。宮城内の御文庫も、吹上御苑も管制をほどこした灯火の下で静かに眠っている。大東亜戦争も、この朝で五年目を迎える――戦局の劣勢、国民生活の窮乏、暗い東京の街々のように、前途は容易ならぬものばかりだった。森閑《しんかん》とした空気は、暁になってぐっと冷えて、寒暖計は零度を示していた。

　午前五時過ぎ、陛下は陸軍の軍装に大勲位の略綬を佩用《はいよう》されて出御された。これからが賢所内にある綾綺殿《りょうきでん》で、御袍、衣冠束帯にお召しかえ、神嘉殿《しんかでん》に向われて、この年のはじめての行事の四方拝が行われるのだが、御召の自動車が賢所に向って走り出すと間もなく、警戒警報の発令だった。

　サイレンの音が暁闇をひきさくように、都内の四方からひびき出した。宮城内の高射砲陣地のあたりから、一条二条とサーチライトの光芒《こうぼう》が空に射られた。御召車に陪《ばい》乗《じょう》していた私はベルで運転手に「引きかえす」合図をして、陛下に申上げた。

「警報でございますから御文庫に引きかえします」

「そうか」

陛下は黙念と、お考えにふけっておられるようであった。大内山はまだ明けきらず、玉砂利の道だけが白く光ってみえる。

通常ならば侍従長以下の侍従、武官、皇宮警視は賢所裏門まで供奉《ぐぶ》し、綾綺殿でお召しかえをすませ、掌典長の先導で神嘉殿に進ませられ、神嘉殿ではただお一人で、皇祖相伝の四方拝の儀式をなさるのだが、この儀式は侍従すら誰もみたことはなかった。一子相伝というか、陛下だけのものである。

さて御文庫に引きかえしたものの、警報は一向に解除になりそうにない。夜は次第に明けそめて、陛下も四方拝をお急ぎになりたい意向がはっきりしてきた。そこで侍従たちが御文庫の庭にむしろを敷き六曲の金屏風をもちだして、拝礼の場を急造した。衣冠束帯に召しかえられた陛下が、四方をかこんだ金屏風の中へ入られる。やがてむしろをすべる沓音《くつおと》が、さあー、さあーとひびいて来た。四方拝が行われている。非常例外のことであった。

になった。

《元旦早々の祭事から、空襲騒ぎでは、さぞ陛下も落着かれなかったろう》

幸いに敵機の姿はみえなかった。夜は明けて、歴史的な昭和二十年、思えば敗戦の年になるのだが、大内山にも元旦が訪れていた。陛下は屏風の中から静かにお出ましになった。

新年の祝膳も万事が簡略にすまされた。それほど戦局の急迫は、陛下の御身辺にも及んでいたわけである。祝膳の鯛の切身を探すのに大膳寮の人々は一方でない苦労をした。また「ひしはなびら」といって宮中独特の正月料理があるが、これに使う白も、ちの色も、餅米の質が悪くて、純白とは言い難かった。

思えば前年の八月二十九日に、私が侍従長に就任して以来、身近に拝した陛下の御日常は、外部から想像するとは、およそ懸け離れた質素なものであった。

《戦争の敗勢は日に明らかになって、陛下の御心労は一とおりではない。もはや一部軍人の間ですら、絶対に勝ち味はないという声すらある。陛下もこれを知っておられるようだ。この御心労に加えて、生活の質素さ。物心両面で陛下は無理をなさっている》

私は心から、これを憂えていた。このままでは陛下の御健康のほども気づかわれる。陛下は午前八時半には表御座所に出て政務をみられ、夜はともすると九時、十時を過ぎることもあった。前年に急造された御文庫に、御常《おつね》御殿から移られたばかりで、生活にも不便が多かった。御文庫はコンクリート総建坪四百余坪あったが、大半は宮内省関係者の使用する室で、両陛下はわずか数室を使用なさっていたに過ぎない〔正確には御文庫の竣功は一九四二年十二月三十一日〕。

歴代御継承の剣璽《けんじ》も、ここに安置されていた。正殿横にあった総檜の和風の旧御殿にくらべて、御文庫はいかにも急造で趣きに乏しかったが、空襲の危険を考慮してお移りになったのだった。いかに戦時の生活とはいえ余りに質素で、初めて側近に仕える私にとっては、これが天皇のお住居かと思う程であった。

食事もまた質素で一汁二菜、七分搗きに麦を交ぜた御飯で、国民の食生活と大差のないものであった。配給量も一般国民と同じにせよと何度も仰せられた。

〔朝〕トースト。オートミル少量。魚肉または卵の料理。果物。

〔昼と夜〕洋食なら魚か肉一皿。野菜一皿。果物。

和食なら一汁二菜。

米麦は一日一回だけ、あとはうどん、そば、いも類までも召上られる。大膳〔御料理の係〕の経費の関係で鰯、さんまなどが続くことも再度ならずあった。時には皇后さまが吹上御苑の野草で手料理を差上げられた。

戦争の急迫は、それほどまで陛下の身辺に及んでいたのである。

一月二日、陸海軍航空部隊協同でサイパンの米飛行場を強襲したニュースが伝えられたが、それほどの戦果を挙げ得なかったのであろう。九日には大阪方面へB29が初空襲、ついに本土の主要地域が完全に米基地航空部隊の行動半径に入った観がある。さらに同じ九日、比島リンガエン湾には米軍の上陸部隊が殺到していた。台湾、沖縄には艦載機の大群が反覆攻撃を繰り返している。

一月十四日、B29の一編隊が豊受大神宮の神域に爆弾を投下した。このニュースは宮中にも大きなショックを与えた。

《この分では宮城も安全ではない。米軍は宮城と伊勢大神宮の爆撃はやるまいと、誰もが理由もなく思いこんでいたが、この考えは甘いのではないか？》

私たちはこう考えると、皇居周辺の防空施設の充実に力をつくした。

しかし、二月二十五日午後二時過ぎ、深い雪空をついてB29百三十機が東京を襲い、ついに危惧していた事態となってしまった。四谷、麴町、赤坂、丸の内、神田と、都心から下町にかけて焼夷弾と爆弾の雨を降らせた空襲によって、ついに大宮御所と宮内省の主馬寮《しゅめりょう》付近が被弾したのだった。事の重大に驚いた内閣は、首相謹話として、その累が宮城、大宮御所に及んだことの遺憾を表明し、これが国民に与えた心理的な動揺も大きかった。神田周辺に集中した六千発の焼夷弾と数十発の爆弾の音響は、降りしきる雪空をつらぬいて、ズシン、ズシンと宮城にまでひびいて来た。

続いて三月四日午前八時、B29百五十機の大編隊は東京上空に侵入、曇天を利して山の手住宅街に焼夷弾二万発と爆弾七百発を投下、死傷一万余名を出した。さらに三月九日夜半から十日未明にかけての夜間大爆撃である。

連日の防空活動で疲労その極に達している都民は、豪雨のように落下する火の箭《や》に見舞われて、無慮二万余の死者を出した。

戦局の悲運を如実に示す業火を、私は皇居にあって陛下とともにみるより他に術もなかった。

夜間の空襲にも私は警報と同時に官舎を飛び出して御文庫に向うのが常だったが、ある夜、機関砲、高射砲陣地の付近で足どめをくってしまった。陣地上空で弾幕をつくっているので、高空で破裂する弾の破片が降って来るので危険で歩けない。吹上御苑の裏門の固いコンクリート塀に身をよせて待避していた。

侍従控室では、いつも出勤の早い侍従長の私が到着せぬので心配して官舎に電話をしてみると、「とっくに家を出て、御文庫に向った。もう一時間近く前だ」という。侍従たちは、「侍従長は、こんどはどうやらダメらしい。途中で爆弾にやられたのだろう。もう少し待って陛下に申上げよう」と、よりより話している所へ、私がたどりついた。

後にこの話を聞かれた陛下は、「藤田、無事でよかったね」と慰めて下さったが、陛下は恐怖感の極めて薄い方である。死生命有りと悟っておられるのか、恐怖を少しも外におだしにならぬ。側近の者でも空襲の激化を心配して、ある者は恐怖にふるえているのに、陛下は平常と少しも違わぬ落着いた挙措である。

昭和十七年四月十八日、ドーリットル飛行隊がノース・アメリカンB25をもって東京を初空襲した際にも、表御座所で政務をみておられた。ところへ侍従が慌しく馳けこんで、「陛下、空襲です。お退がり下さい」と息をはずませて申上げると、

「そんなはずはないだろう。先ほど海軍大臣がやってきて、空襲にきても夕方だろうと言っていた」

「いや、いま東京を空襲しているのでございます。お早く……」

せきたてられてようやく、第二期庁舎の下の防空壕におはいりになったという。このことを侍従たちが、後々まで語っていたが、陛下は恐怖感をどこかにお忘れになっているのではないかと思われるほど落着き払われている。

もちろんドーリットル隊の奇襲と、二十年春の空襲とでは、その破壊力も段違いだし、都民に与えた恐怖は問題にならない凄絶な火力であった。ところが、この非常事態になって、警報がでても、なかなか両陛下が待避所にお退りにならぬ。

「お上、警報でございます。待避所へどうぞお出まし下さい」

当直の侍従が、そう伝えても十分ばかり過ぎてからでないと両陛下が待避なさらぬ。地下防空壕は堅固だったが、急造だけに湿気が充分に抜けていない。壁や床が湿気をおびているので、陛下もお好みにならぬのであろう、側近ではそう解釈していた。

「お上、警報でございます」

夜間の空襲が激しくなって、深夜も待避することが多くなった。だが、なお両陛下のお出ましは遅い。そこで侍従が、私に相談にきた。

「万一のことが起きては大変です。どうか侍従長から陛下に、お急ぎになるよう申上げて下さい」

もっとものことであるから、早速、御前にでて申上げた。すると陛下のお言葉は、

「侍従長、よくわかった」

こうであった。ところが、その後の空襲警報でも一向にお急ぎになる気配がない。これでは侍従長の言葉も効果がなかったと思わざるを得ない。そこで陛下に御忠告しやすい甘露寺《かんろじ》受長《おさなが》氏から、きつく申上げることにした。甘露寺氏は侍従次長ということになっていたが、宮中でいう『勝手づとめ』侍従の元老格であった。大正天皇の御学友で、また陛下にも長く侍従として奉仕した方である。

「お上、みなの心配をお考えいただかなければなりません。どうぞ急いで待避なさいますように……」

甘露寺氏の直言に、陛下はやや相好《そうごう》をお崩しになったように思う。

「うん、実はね、良宮《ながみや》が待避の準備に手間どるものだから……」

陛下は皇后さまをお待ちになっていたのであった。米軍機の爆音が、遠雷のように夜空に響くと、誰しもが我先にと防空壕にかけこんだものであった。こんな時にも陛下は、皇后さまの御準備を、いつもお待ちになっていたのである。管制をほどこした暗い灯火のもとでは、皇后さまの身じまいが遅くなるのも当然である。

甘露寺氏も、陛下のさりげない一言で、たじろがれた。だが、この方は独得のユーモラスな人柄だったから、すかさず、

「皇后さまも、お急ぎいただかなければなりませぬ。もし、警報が鳴った時、皇后さまが裸でいらっしゃいましたなら、そのままでもよろしいではございませんか」

「裸でも……」とは、思い切った冗談であった。御前では誰もが言えぬ言葉であるが、皇后さまは、軽く受け流された。

「はい、仰せのとおりに致しましょう」

言葉には笑いがあった。皇后さまは陛下と顔見合せてニコリとなさった。この甘露寺氏のお願いから、両陛下の待避が早くなった。何くれとなく皇后さまをおかばいになり、その立場を尊重なさるのは陛下のご性格でもある。

御文庫と待避所の間の往来を安全にするために、地下道を掘って連結する案がでて、その工事着手のお許しを願った時も、陛下は説明を聞いて、

「ウン、ウン」

とおっしゃるばかりで、なかなかお許しがない。そこで私から催促すると、

「それでは聞くが、大宮御所には地下道を造ったか。宮中三殿、賢所はどうなってい

るか」

自分だけの安全をはかりたくない。大宮御所にお住まいになる御母君、さらに御先祖を祀る宮中の御殿を先にしたいというお考えである。そこで私から、

「大宮御所のは、すでに完成しています。賢所の御神体も地下壕にお移し中して安全でございます」

と申上げ、さらに語をついで、陛下が危険なところを往来されて、万一のことがあれば日本の運命にかかわる、と申上げると、ようやくお許しになった。

「そうか、わかった。工事を進めてよろしい」

陛下のご性格が、よくでている話である。空襲はなお激しく続いて、待避壕も改造することになり、この工事には東部軍司令官田中静壱《たなかしずいち》大将が自らやってきて工事を指揮した。石や大きな材木、さらに鉄道レールで骨組みをつくり、その上をセメントで固めたもので、十トンの爆弾にも耐える堅牢なものに仕上げた。御文庫の屋根にも竹を組んでツタをからませてカムフラージュしたが、この工事中にも高空をB29が悠々と飛んできたりした。恐らく宮城の空中写真を撮影していたものであろう。

酒と侍従

私が侍従長として宮中に出たのは、これより半年前の昭和十九年八月二十九日のことである。宮中正殿の鳳凰の間で松平恒雄《まつだいらつねお》宮内大臣が侍立された。

「卿《けい》を侍従長に命ずる」

天皇のお声が朗々として、直立する私の耳に響いたのを、今に忘れぬ。桐の間において皇后さまにもご挨拶。つづいて前任者の百武《ひゃくたけ》［三郎《さぶろう》］侍従長から事務引き継ぎを受けた。宮中の慣習は、およそ一般世間と隔絶したものが多い。一例をあげると、奥御殿から表御座所にお出ましになる陛下を、侍従長がどこでお待ちするか、その場所が行事ごとに違うのである。とても半日やそこらの引き継ぎで記憶できるものではない。百武氏は笑って言われた。

「おわかりにならぬことは、甘露寺さんにお聞きなさい。指南番として立派な方ですよ」

こうして陛下の側近くお仕えすることになったが、陛下も私について詳しくご存じない。侍従長起用にあたっても、松平宮相に御下問になったという。

「藤田という海軍大将がいたことは記憶しているが、どんな人物か」

私は昭和十四年四月、現役を去るに際して、高橋三吉大将と共に陛下の御前に伺候したほか、数えるほどしか陛下にお目にかかっていないから、陛下の印象が薄いのは当然であった。現役をひく時は、長年の海軍軍人としての働きを賞され、御紋つき銀の花瓶を拝領した。その前、昭和十一年の海軍大将に親任、勲一等叙勲〔昭和九年〕に際しても、呉《くれ》鎮守府長官として呉に勤務していた関係で、陛下御臨席の親任式親授式に出ることが出来なかった。

要するに私は一介の武弁《ぶべん》であって、宮中と特殊の交渉をもつ機会も少なく、陛下の側近に奉仕するのは、初めての経験であった。

しかし、私は一度、侍従長就任を辞退した経験をもっている。昭和十六年の初夏であったが、松平宮相に呼ばれた。当時は退役して、隠居生活をしていた私に、宮相は突然のように、「侍従長を受けてもらえないか」と話をきりだされた。百武侍従長の後任者を米内光政《よないみつまさ》氏と相談したところ、「海軍から推すなら藤田だ」と私に落着いたという話である。

米内大将は先にあげた高橋三吉大将と共に海軍兵学校の同期生であり、同期から三人が大将に進んだ友人である。米内氏の推薦は喜ばしかったが、折悪しく妻寿子《ひさこ》が病床にあって、余命いくばくもないと思う頃であったから、

「死に近い病妻をかかえて宮中に仕えては、皇室に不吉である。お言葉をかえすことになるが、侍従長の職はご辞退したい」

こう答えた。松平宮相も私の立場をうなずかれていた。これより先、昭和十一年呉鎮守府長官であった時にも、二・二六事件で傷つかれた鈴木《すずき》貫太郎《かんたろう》侍従長の後任者として、新聞に書かれたこともあったようだ。折から陛下が江田島《えたじま》の海軍兵学校卒業式に御臨席のため神戸から呉に海路行幸になったが、永野《ながの》修身《おさみ》海軍大臣が病気のため、私が呉に在住するところから供奉することになった。夕食に席を並べた鈴木侍従長に、「藤田君、こんどは僕の後任だそうだね」と言われて「えっ」と驚いたものだったが、私の宮中勤めは、この頃から一部の方で考えられていたものらしい。

侍従長の話が消えて、昭和十八年八月には明治神宮宮司となり、代々木の森深く眠られる明治陛下の御霊に奉仕する日が続いた。翌十九年夏になって再び松平宮相に呼

ばれて、侍従長就任を要請されたのである。サイパン島、グァム島、テニャン島と中部太平洋の拠点が相ついで米軍に奪われ、米軍の飛行機が本土来襲の態勢を整え終えた時期である。戦局の不利は国民の眼にも、ひしひしと感じられた。

松平宮相は言われた。

「陛下もお側に、しっかりとした話し相手が必要な時に、百武さんの健康も思わしくない……。どうか決意をあらたに、側近に奉仕してもらえまいか」

宮相の説得にあって、私も決意を固めた。老妻は先年十一月に、すでに此の世を去り、先にお断わりした理由も消滅していたので、最後の御奉公にと引受けたのであった。

大東亜戦争の開戦以来、戦争を指導してきた東条《とうじょう》〔英機《ひでき》〕内閣が、サイパン失陥を期に総辞職して、小磯《こいそ》〔国昭《くにあき》〕、米内協力内閣が生まれたのは、私の侍従長就任に先立つこと一月の七月二十二日で、畏友米内は小磯首相を助けて国政の第一線に立っていた。

初めての宮中生活は、なれぬこととて私の手に余ることも少なくなかったが、陛下の意外なユーモラスな面なども発見して、お側に仕える肩のしこりがほぐれていった。

陛下が酒も煙草も召上らぬことは、今ではよく知られているが、酒は御幼少のころ、トソを召上って苦しまれたのが苦《にが》いご記憶となったのだと伝えられている。酒については次のような話がある。

何かの御内宴の時であった。日頃から酒豪で通っていた侍医のA氏が、女官たちにすすめられるままに盃を重ねて泥酔してしまった。ようやく侍従詰所まで下がったが、もはや一歩も歩けない。朱泥を塗り固めたような顔をしてソファに横になると、大鼾《おおいびき》をかいて眠ってしまった。そこに、ひょっこりと陛下が姿をおみせになったのである。陛下はよく詰所に顔をおだしになるのだが、この日何気なく詰所をのぞいて陛下は驚かれた。何事も知らず、酒気と騒音を部屋一ぱいにまき散らして、眠りこける侍医。

「これは、病気ではないか」

側にいた徳大寺《とくだいじ》［実厚《さねあつ》］侍従が、にこりとして答える。

「いえ酔っているのでございますから、酔いがさめれば、風に吹かれて平常にもどりましょう」

「そうか。それならよいが……。酒に酔うと、こんなになるのか」

陛下は珍らしそうに、再び侍医の顔をご覧になった。〝天覧《てんらん》〟をたまわった朱塗りの顔は、なおも大鼾をかいていた。御前で深酒をする者、もちろんいないから陛下は本当に酔った者の姿を、それまでご覧になることがなかったのかも知れないが、病気ではないか、という御質問には、巧まざるユーモアがひそんでいる。

お祖父さまであられる明治天皇は酒をたしなまれたようである。時折内庭に人を集めては深更まで酒を召上り、歩いて奥に入れず、侍従たちが陛下のお体を担いで御寝所に運んだと伝えられている。非常な酒豪であったようだ。しかし大正天皇はブドウ酒少量を召上っただけだというから、陛下は父君の大正天皇に似られたといってよかろう。ところが陛下の御兄弟でも、秩父宮《ちちぶのみや》、三笠宮《みかさのみや》は酒を召上る。高松宮《たかまつのみや》は陛下同様に召上らぬ。御兄弟一人おきに酒と縁があるようだ。かつて呉鎮守府に秩父宮をお迎えした時に、食事に酒をつけるか否かで副官が私の意見を聞きにきたことがある。陛下が酒を召上らぬということを知っていたので、或いは秩父宮も召上らぬのではなかろうかと推量したわけだ。

「もしお嫌いであれば酒を出せば失礼にあたるでしょう」

副官も弱っていた。陸軍に籍のあった秩父宮の事は、海軍で余り知らなかった。そのうちに食事の時間は迫ってくる。

「殿下に直接お伺いしてからでよろしいではないか」

私はこう言って副官をなだめた。そこで宮様が席にお着きになってから、

「不躾でございますが、殿下はお酒を召上りになりましょうか」

と聞いてみると、

「私は戴きますよ、どうぞ」

と気軽におっしゃった。

皇后さまはワイングラスに赤ブドウ酒を一杯おのみになるが、これは薬用としてであろう。

私は自身で愛酒家だと思っている。それだけに酒を召上らぬ陛下に対して、酒については非常に気を配った。何しろ日露戦争に若年の中尉として従軍した際におぼえた私の酒である。一朝一夕に慎めといわれても難かしかったが、陛下の御前では特に自ら戒めた。

日露戦争では、旅順を海上から封鎖して乃木《のぎ》［希典《まれすけ》］大将の旅順攻略を援護するのが私たちの役目であった。わずか三百十トンの特設砲艦に部下五十名と乗り組み、二隻でワイヤーロープをひいて掃海したり、チーフから旅順にむけて糧秣《りょうまつ》を密輸するロ

シヤ側のジャンクを捕獲するのが任務であった。

ある時は旅順の砲台に近寄りすぎて砲台から射撃されたことがあり、ある時は、大きなクラゲを機械水雷と誤認して肝を冷したこともある。今にして思えば、懐しい思い出の数々であるが、この砲艦に五十を超えた老兵曹長がいた。一日の作戦が終ると、やおら老兵曹長、「これで明日も日の出が拝めます」と酒徳利の前にすわる。ニュームのコップに冷でうけて、なめるように味わっている。そして、「艦長も一ぱいやらんですかい」とコップをつき出す。これが機縁で親しみ出した酒は、爾来四十年の海軍生活中、私の側からはなれなかった。

だが侍従長としての任務の重大さを思えば私も自粛しなければならない。私は皇居に近い麴町三番町《こうじまちさんばんちょう》に広大な官舎を与えられて、長男夫婦と女中の四人暮し、朝八時には官舎を出て御文庫の侍従長室に急ぎ、陛下が御座所から奥殿におはいりになる夜七時、あるいは八時まで仕事に精を出した。

それが職務である陛下への奏上は、新米の侍従長を慎重の上にも慎重にさせる。しくじるまいとして、奏上の際には必ずメモを手にして申上げることにしていた。いわばカンニングペーパーである。これが見事に陛下に裏をかかれてしまった。

奏上は、表御座所をノックすると、陛下がドアをあけて廊下に出て来られる。そこで一メートル程はなれて直立して奏上するのだが、メモを見ながら申上げていると、陛下はだんだん私との距離をちぢめる。私は後に退くわけにいかないから、なおも言葉を続けていると、陛下は私のメモをのぞきこみながら、一項目ごとに「ウン、ウン」とうなずかれる。何のことはない、メモを読んでおられたのだ。

私がすっかり冷汗をかいていると、

「ご苦労だった」

と、にこりとされて御座所にもどられる。メモ奏上をやる新米侍従長の堅さを、自然な仕草でもってほぐされたのだった。飾らぬ陛下の態度に恐縮しながら、ほっと心がなごんで来る。どうやら侍従長職が板につきはじめたのは秋になってからであった。

陛下は祭事にはことのほか御熱心であったし、祭事に関して記憶のよさも抜群であった。新嘗祭は宵の祭と暁の祭と二日間にまたがって行われるが、ある時宵の祭で数ある供物の中、その一つの順序を采女《うねめ》が取りちがえてお供えした。直ちに陛下は指摘されて、

「暁の祭には、なおすよう」

と采女におっしゃっていたが、どのように複雑なことでも陛下は整然と記憶されていて取違ったためしがないという。古い伝統と複雑な習慣をもつ宮中に於ては、なれた侍従でも、判断に迷うことが間々起きて来る。その時の頼みの綱は、きまって、

「お上に伺ってみよう」

ということになる。陛下にはあらゆる事柄を整理して秩序だてる特殊な才能があって、その一ヵ所にプラグを差し込めば、どこへでも電流が通じて前後の事情が明らかになる——ちょうどこのような精巧な機械、陛下の記憶力のよさは、それを連想させた。海軍時代にも岡田啓介《おかだけいすけ》、井出謙治《いでけんじ》両大将のような、抜群の記憶力を誇る人を知っていたが、陛下に比べると劣るのではあるまいか。

また祭事にご熱心であることは、とりも直さず祖先への崇敬の念となり、明治、大正両陛下、御母君の皇太后陛下への御孝心は、私たちにもひしひしと身に迫るものがあった。

天皇、軍を叱る

侍従長は陛下のお身の廻り一切をとりしきる役目で、内大臣が天皇の政務をおたすけし、宮内大臣が宮内省の責任者であるのに比較して、政治、軍事に一切関与せぬ立場にあった。侍従職の歴史は古く、大宝令に常侍規諫《じょうじきかん》、拾遺補闕《しゅういほけつ》とあって、常に天皇に侍して御用をつとめ、叡慮の及ばない点を補って、御心づけを申上げる役であると規定されている。明治天皇には元田永孚《もとだながざね》、山岡鉄太郎［鉄舟《てっしゅう》］、伊地知正治《いじちまさはる》など錚々《そうそう》たる人材が侍従として仕え、この大宝令そのままに常侍規諫の任にあたったようだが、近年に至っては陛下の御聡明にまかせて諸事控え目に、ただ御日常に奉仕するようになっていた。常時輔弼《ほひつ》の任は主として内大臣があたり、国務、政務にわたって意見を述べていた。

昭和十九年後半から二十年初めになると、国民生活にも、ようやく絶望の色が濃くなってきた。陛下は常に国民生活を憂えられて、侍従へのお言葉の端々に、このことが感じられた。新聞も二ページに縮小されて、国民生活の実態を伝えるニュースは一行も載らなくなった。全面をつぶして伝えられるのは、大戦果挙るという景気のよいものばかりであったが、実はこの頃、日本の戦力は完全に底をつこうとしていたのだ。

陛下は何とかして、ジカに国民の生活を知ろうと努力なさっていた。

「食糧の配給は円滑にいっているか。ことしの米の生産高は実収どれだけか」

侍従たちも幾度か、このお言葉を聞いた。農林省関係者も度々お召しになった。陛下の御心は、ともすると戦局より国民生活によせられた。

戦局はレイテ湾頭の特別攻撃隊発進にまで追いつめられていたのだが、蓮沼《はすぬま》［蕃《しげる》］侍従武官長の奏上は、いつも肝腎の点がぼかされていたのではあるまいか。あるいは急迫した実情が武官長にまで伝わってこない、水ましの楽観論ばかりが、陸海軍当局から届けられていたのかも判らぬ。

陛下は自若として戦局の説明を聞いておられた。関《せき》［行男《ゆきお》］大尉以下の神風特別攻撃隊員が一命を捨てて、米艦船に肉弾攻撃をかけたという特攻第一陣の報告も、陛下は終始無言でお聞きになったが、御心中、いかにお苦しみだったかと、今になれば推察してさえ胸迫るものがある。

ここで思い起すのは開戦決定の際の御前会議である。昭和十六年九月六日であった。宮中千草の間において、戦争か平和か、対米国策の重大な岐路に立つ御前会議は原《はら》［嘉道《よしみち》］枢密院議長の司会で始められた。提案されたのは『帝国国策遂行要領』で次の内容のものだった。

一、帝国は自存自衛をまっとうするため、対米（英、蘭）戦争を辞せざる決意の下におおむね十月下旬を目途とし戦争準備を完整す。

二、帝国は右に並行して、米英に対し外交の手段をつくして帝国の要求貫徹につとむ。

三、外交交渉により十月上旬頃に至るも、なお我が要求を貫徹しうる目途なき場合においては、直ちに対米（英、蘭）開戦を決意す。

原議長はこれを議題にあげて、先《ま》ず次のように質問した。

「この案をみますと、外交よりは戦争に重点がおかれている感があります。これについて政府、統帥部の趣旨をうけたまわりたい」

政府から及川《おいかわ》［古志郎《こしろう》］海相が立って答えたが、それは外交交渉が第一で、戦争準備は万一我が要求が貫徹しうる目途のない場合にとるのだと説明したのだった。次に統帥部が立って答弁すると思われたのだが、誰も立たない。杉山《すぎやま》［元《はじめ》］参謀総長、永野軍令部総長の二人とも立つ気配すらみせなかった。

この時、玉座の陛下が発言なさった。

「いまの原議長の質問は、もっともと思う。しかるに統帥部から、何ら答えないのは甚だ遺憾であると思う」

陛下は上衣のポケットから紙片をとりだされた。そして読み上げられた。

「よもの海　みなはらからと思ふ世に　など波風のたちさわぐらむ」

明治天皇の御製である。御前会議の行われている千草の間に、一瞬水をうったように静寂が流れ、陛下の気魄だけがピリリと全員の胸にこたえた。

「私は、この御製を奉戴して、大帝の平和の精神を受けついできた。戦争は国民の不幸だ。いままた米英と事をかまえるか否か、大へん重大な時なのに、統帥部が責任ある答弁をしないのは何事であるか」

陛下は非常なご決意を示されたのだった。開戦の是非について、陛下が基本的に何をお考えになっていたか、明確に知ることが出来る点である。だが一度、開戦となるや、陛下は戦局の動きを独り自若としてうけとめられた。

戦局の説明は侍従武官長、あるいは参謀総長、軍令部総長から陛下に奏上したが、陸海軍の相克は宮中まで持ち込まれた。南方戦局の劣勢は、真実を覆ったままで武官長の手元に伝えられ、いわばメッキされたニュースが陛下に奏上されたのだ。蓮沼武官長の前任者であった宇佐美《うさみ》［興屋《おきいえ》］中将は、陸軍軍人ながら陸軍の中枢部が加える圧力に屈しない気魄にとんだ人であったために、軍の中枢部から遠ざけられ、武官長を蓮沼氏と交替させられた。蓮沼武官長はどちらかといえば温厚に過ぎる人柄で、ノンキな性格であったように思う［実際には蓮沼と宇佐美のあいだに畑俊六《はたしゅんろく》（陸軍大将）が三ヵ月間、侍従武官長を務めている］。

山県有朋《やまがたありとも》対山本権兵衛《やまもとごんべえ》という陸海軍の歴史的な対立が、宮中に仕える者にまで波及していた。また飛行機増産について資材、工場を奪い合う陸海軍の相克は、陛下のお耳にも達していた。

私が海軍の出身者であるから言うのではないが、陛下と陸軍の間には満洲事変頃から溝のようなものが出来ていたとの説をなす人も多いが、私が見聞した文書にも次のようなものがあった。私が侍従長を拝命して間もなく、何かの用事で侍従長室にある金庫の書類を調べていると、百武前侍従長の筆になるメモ書きが出て来た。そこに記されてあるのは、昭和十四年八月、阿部信行《あべのぶゆき》陸軍大将への大命降下の際の陛下のお言葉である。陛下は阿部大将に組閣を命じられた後で、陸軍の独断による行動をあげて、組閣の上は陸軍の横暴を厳しく取り締まるよう阿部首相に望まれていた。陛下は陸軍をとがめ立てしているわけではないが、ただ軍の総意と称して一部の軍人が、政治に横車を押し、海軍との溝を深め、しかも国民を苦しみに押し込んでいる実状を正確に看破なさって、陸軍の長老である阿部首相に、この点を注意なさっていた。後に東京裁判の法廷で明らかにされた原田日記にも、同様の趣旨の記述がある。原田日記は松平宮相から聞いた宮中の出来事を西園寺《さいおんじ》［公望《きんもち》］公の秘書であった原田熊雄《はらだくまお》男爵が書いたもので、一種の伝聞記であるため総てが真実とは言い難いが、一面の真理は伝えていよう。

この原田日記によると板垣《いたがき》［征四郎《せいしろう》］陸相が陛下にしかられたというのだ。板垣陸相は張鼓峰における日ソ陸軍部隊の衝突を解決するために新京付近の軍隊を東部へ移し、その後に内地から第一師団を急いで満州へ移駐させようと立案して、軍編成の裁可を陛下に願ったものらしい。ところが陛下は、これを許可にならなかった。

「陸軍大臣は外務大臣も賛成しているというが、宇垣《うがき》［一成《かずしげ》］外相は武力行使には反対しているではないか。先年の満洲事変における柳条溝［湖］、今回の支那事変における盧《ろ》溝橋《こうきょう》事件とも、陸軍のやり方は中央の命令を無視して、現地で独断的に事をかまえている。今後は、自分の命令なくしては、一人の兵といえども動かしてはならぬ」

陛下はこうおっしゃったと伝えられている。宇佐美武官長が侍立していて逐一聞いていたはずだが、これは公開されていない。東京裁判でも、この点は問題になり、板垣大将としては非常に不利な証拠となるので、板垣の弁護団は宇佐美氏を証人として、この点の真相を明らかにしようとしたが、

「事を陛下に及ぼしては取り返しがつかないから、やめにしてくれ。陛下にしかられたというなら、それでよい。自分は、それほどひどくしかられたとは思っていない」

板垣大将は、こう言って弁護人に宇佐美証言を断わったと聞いているが、陛下が陸軍の一部にあった独断専行の空気を、厳しく戒められたことは事実だと思う。

また開戦前のこと、杉山参謀総長が永野軍令部総長と日米交渉の見通しを奏上した

際に、

「万一、日米間に事が起った場合、陸軍としてはどのくらいの期間で戦を終るか」

との御下問があった。杉山総長は、

「三ヵ月くらいで南洋方面だけは片づけるつもりでございます」

とお答えした。すると陛下は、鋭く追及なさった。

「杉山は支那事変勃発の時、陸軍大臣として事変は一月で片づくと言ったが、四年たったいまも続いているではないか」

杉山総長は、この陛下の思わぬ質問に口ごもりながら答えた。

「何しろ中国は奥地が広うございますので……」

陛下は声を励まして言われた。

「中国の奥地が広いことは今わかったことではあるまい。太平洋は中国よりもっと広いではないか。いかなる確信で三ヵ月で片づくというのか」

杉山総長は沈黙してしまった。見かねた永野軍令部総長が助け船をだした。

「日米関係を病人に例えれば、手術をするかしないかの瀬戸際でございます。手術をしなければ衰弱してしまう。手術をすれば危険はあるが助かる望みもある。こんな段階でございます。統帥部といたしましては、あくまで外交交渉の成立を希望しますが、不成立の場合は手術もやむを得ないと存じます……」

陛下は永野総長の言葉で、杉山総長への質問を打ち切られてしまった。しかし、陸軍に対して、陛下が非常な不安をおもちになっていたことは、この一事でも明らかだと思う。杉山総長が、この直後に、「きょうは陛下にひどくしかられた」と言いながら汗をふいていたという話は、私も当時耳にしたものだった。

このような陛下のお心を反映したのか、戦局が非になるにつれて宮中に達する戦局の情報には、いささか潤色された嫌いがあった。私ども側近も、事態の急はわかっていたが、作戦の最高機密はもちろん知り得べくもなかった。陛下もお迷いになっていたのではないかと拝察する。

しかし、戦局の劣勢は、米軍の空襲激化となって表れてきた。

和平に動く吉田茂氏

昭和二十年の初めであったと記憶するが、ある日、木戸《きど》〔幸一《こういち》〕内府が私に、「吉田茂《よしだしげる》君が、あなたにあいたいと言っているが……」と言われる。吉田氏とは、それまで深い交際のある方ではなかったが、内府の紹介でもあり、私は快く官舎にお招きした。日曜日であった。吉田氏は紋付に白足袋という姿で、外務省の車に乗って、三番町の侍従長官舎にみえた。後年、首相となってからも、この服装で出歩いた人だが、空襲下の当時では随分と異様に思える服装であった。

およそ二時間も歓談したが、吉田氏が私に述べられたのは、戦争の見通しと、和平交渉の方策であった。彼は大胆卒直に次のような趣旨を述べた。

「すでに敗戦の勢いは必至で、挽回することは不可能な事態にきている。そこでソ連を仲介にして和平をはかろうとする動きがあるが、これはさけるべきだと思う。何故にこのように迂遠にして、実りの見通せぬ方法をえらぼうとしているのであろうか、私には解せぬことである。むしろ戦争をおさめようとするなら、日本が戦争をしかけた相手に、卒直に談判したらよいではないか。私としては米英に知人、友人も多いので、この方向で運動を進める積りだ」

雄弁ではないが、熱のこもった口調で訥々と語る吉田氏であった。当時米英を口にすることは国民のタブーであった。それをあえて口にする吉田氏の熱情に、私は心を打たれた。なぜ吉田氏が私に、その心中をうったえられたのか、それは分らない。侍従長として、陛下に私から直接奏上するとは思われなかったろうから、陛下の側近にあるものの和平に対する空気を打診されたものであったろう。私はもっぱら聞き役で、意見は述べなかったが、吉田氏は機嫌よく引きあげられた。

木戸内府、近衛《このえ》［文麿《ふみまろ》］公その他の間で、和平に対する工作は相当に進んでいたようだが、まだ表面化しなかった際である。

吉田氏のこのような堂々とした態度は、さすがに憲兵隊の注視するところになったようだった。後に吉田氏は和平工作の廉《かど》で憲兵隊に捕われることになるのだが、陛下は当時から吉田氏の直情径行な愛国の志を十分に知っておられた。

ある時のことである。お召しで、御前に進むと、陛下がこう申された。

「小磯（総理）がやってきて、一度、宇垣を呼んで、支那の事情を聞いたらとすすめていたが、どうしたものか、木戸の意見を侍従長から聞いてきてくれないか」

木戸内府は折から近親の方の不幸で引き籠っておられたのだった。小磯首相の奏上した趣きは、最近中国を視察して帰った宇垣大将が、中国、蔣介石《しょうかいせき》政権との和平案をもっている、それを陛下に直接にお取り次ぎしたいという点にあったようだ。陛下は、吉田氏らの和平運動も、その時詳しく承知されていたし、中国対策も積極的にお考えになっていたのではあるまいか。

私はさっそく木戸内府を訪れて、陛下のお言葉を伝えると、沈思していた木戸侯は、

「侍従長、どうか、この問題は陛下からご返事をなさらず、ほっておいた方がよいと思うので、その旨お伝え願いたい」

こう答えた。そして、和平のことは、陛下が一度、お言葉になさると重大な影響がある、慎重を要するから、いましばらく時期を選ぶべきだ、とその真意を説明した。

私は、陛下にこの木戸内府のお答えを、その通りに御報告申上げると、陛下は、

「ご苦労であった」

と仰せられただけで、何もおっしゃらなかったが、和平工作への準備は相当に進んでいると、私はこの時感じたことだった。

天皇の終戦秘密工作

　実は戦争の終結について、陛下は二十年の初頭から、軍部にも内閣にも隠密のうちに、ある工作を進めておられたのである。

　政治、軍事に関与せぬ侍従長という職責から、私はこの事について何も発言する立場にはなかったが、陛下自ら行われた工作に唯一人侍立していたものとして、此処に当時の真相を明らかにしておきたい。

　それは、天皇が各重臣を個別に御文庫にお呼びになって、戦局の見通しとその対策を一人一人に質されたのである。なかでも戦争終結をどうしたらよいか、終戦の方策をもつ者にはそれを聞かれたが、和平工作として軍部を刺激することを警戒して、一切が隠密裡に運ばれた。

　先にも述べたように、和平を口にすることは国民にはタブーで、直ちに憲兵隊に逮捕された頃である。陛下は御心中深く、どこに和平のきっかけをつかむかに苦慮されていたのだ。当時、政治の衝に当っていた誰よりも、最も熱心に終戦の方策をお考えになっていたといっても過言ではなかろう。会談の準備工作は陛下の意を受けた木戸内大臣が、松平《まつだいら》［康昌《やすまさ》］内府秘書官長を使として重臣の参内日程を決めた。軍部への影響を顧慮して、重臣が天機を奉伺する、つまり陛下の御機嫌伺いをするということにしたが、実際には余人を交えず、重臣の意向を一対一の対座でくみとろうとなさったのだった。陛下としては考えられる唯一の方策であったに違いない。

戦局の報告にすら潤色されたものが奏上され、国民生活の実態も正確に把握しがたい。しかも政治の衝に当っている政治家たちが、果して和平について、どれほど真剣な熱意をもっているかは疑問である。陛下としては、和平の第一着手として、重臣を個別に招いて、その意見を聞くことになさったのは、当然の成り行きであった。

重臣の意見を聞いたうえで、和平工作を現実に打ち出そうとなさったのではあるまいか。しかし一説には、木戸内府が宮中に壁をつくって、在野の人々の自由な意見を陛下に取次ぐことをしなかった。宮中参内すらも、相当に制限していたとの説がある。その壁を破って近衛公らが運動して実現したのが、この重臣伺候《しこう》で、中心になったのは近衛公の上奏である、というのだが、私にはそうは思えない。これは陛下の御発意、御意志によって行われた重大な和平工作であったと信じている。

木戸内府については、やはり〝貴族〟であったと思う。当時の習慣として、何がなくても自然と他人に敬《うやま》われていた〝貴族〟であったことが、木戸内府の性格、内大臣としての宮中での仕事に反映していたのだ。そのために陛下の周囲に垣をつくって、自由に参内もさせぬという譏《そし》りを招いたように思う。

木戸内府は衆知を集めて熟慮断行せず、政府の人事に対して余りにも差出がましいくちばしをいれた。このことが陛下と周囲の溝を深くしたのだと鈴木内閣の情報局総裁であった下村海南《しもむらかいなん》［宏《ひろし》］氏は木戸内府を評している。事実、下村氏らは何度か木戸内府に、

「陛下の四方を閉ざしている門戸を開きなさい。近衛公ですら一度挂冠《けいかん》すれば、拝謁の機会を求めることはむずかしい。直宮《じきみや》様方とてもお茶の会で顔を会わされる程度で、さし向いで打ちとけて語られる機会は少なく、皇族方とても同じだ」

と進言されたものらしい。

一介の武弁に過ぎない私として、木戸内府を別にとやかく考えてはいなかったが、宮中に〝貴族〟〝華族〟の多いのは当然とはいえ、あちこちに複雑な人間関係を織り

なして、一種の窮屈さを感じていたことは事実である。

ある時、私は甘露寺侍従に言った。

「宮中ではめったに人の噂はできませんな。縁つづきの人が近くにいて、たちまち拡まってしまう。悪口などは言えない」

〝勝手勤め〟を許されて、雑のうを肩に自転車で宮中に出かけてきては、雑のうを侍従室にほうり投げると大膳寮あたりで雑談をしては、周囲を笑わせていた甘露寺氏は、味のある言をなす方だった。

「構うもんですか、侍従長。悪い奴は悪いとしかりつけなさい。私なんぞ、いつもやっていますよ」

「それは、あなたは、お公卿さんだから……」

私は冗談を言った。だが宮中に一種の窮屈さがあったのは事実だし、政治に対する強い発言力をもっていた木戸内府は、やはり常識的な判断では一種の壁を知らず知らずのうちに形成していたのかも分らない。

話が本筋をそれたが、当時の陛下をとりまく宮中の空気を知ることが、この和平工作の真実の姿を知るのに都合がよいと思って説明した。

この重臣との問答には、ただ一人侍従長の私だけが侍立した。第二期庁舎に出来た拝謁の間で小テーブルをはさんで、陛下の前に伺候した重臣が席をしめる。陛下の左後方一メートルの所に私は位置して、問答の要点を小さな手帳に、鉛筆の音を気にしながらメモをとった。

問題の要点をメモにとり終ると直ちに文書に浄書して、これを私から木戸内府に手交した。木戸氏はこれを小さなボストンバッグに入れて保管されていたと思う。戦後になって戦争犯罪人の追及が厳しくなった頃、木戸氏は、「このバッグを保管してほしい」と一時、私に預けられ、私は侍従室の棚に保管していたが、何時か木戸氏が持ち去られたらしい。恐らく今も木戸氏邸か宮内庁の文書のなかに残っていると思うが、私はここで記憶をたどって、この重臣伺候の全容を明らかにしておきたい。

参内は二月七日（水）平沼騏一郎《ひらぬまきいちろう》男［爵］から始まって、同二十六日（月）の東条英機大将まで七人の重臣が順を逐って行われた。

平沼男は戦争施策を重点的に行うこと、官吏の国民に対する態度に慈愛が大切であることの二点を骨子にして意見を述べたが、私にはさながら漢書の講義を聞く思いがした。平沼男は戦争終結の具体案は述べられなかった。陛下も終始、黙々としてお聞きになっていた。

一日おいて九日には外交界の長老、広田弘毅《ひろたこうき》氏が参内してきて、天機奉伺の言葉を言上した後でその意見を述べた。広田氏の奏上の概略は次のようなものであった。

「日本も欧米も共に、多年の戦争によっておびただしい消耗をいたしましたので、戦局も漸次に終局に近づいていると思考致します。従って今後の国際情勢の帰趨《きすう》について、私は考究しているのでございますが、これは何人《なんぴと》といえども判然と見当のつく事柄ではございませぬ。

戦局上、日本の困難を軽くし、また国際情勢にてらして、我国に有利な進み方はないか。この点を考えますると、只今日本と戦争関係にないロシヤについて特に注意することが大切かと存じます。このソ連対策につきましては、一昨昨年以来機会あるごとに政府に注意して参りました点で、小磯内閣成立後に於ても、私自身にロシヤに行ったらとの話もございました。広田は喜んで参るつもりでも、先方に歓迎されぬ訪問では成果があがりませぬので、ソ連側の意向を打診いたしましたところ、ソ連の意向は、この際内外に与える影響が面白くないとのことで、私の訪ソはそのまま具体化せず今日に及んでおります。

日ソ中立条約は、無事に今日まで続いておりますが、ロシヤとしては戦局が有利になるにつれて、自由の立場をとりたしとの気持が強くなり、その有利なチャンスをとらえて、過去の失地回復、国内疲弊の復旧に乗りだす考えは、当然起るものと存じます。その手段として、英米の物資を利用するでありましょうし、またその代償として英米側に傾く、自然日本に対しては強硬な態度を示してくると思われます。

昨年来のスターリンの演説も、英米との協調を保つため、日本に対する意志を明らかにする底意によるもので、これは米国の大統領選挙にもルーズベルトに有利な立場を与え、米国各地でこのスターリン演説が放送されたほどでございます。

以上の点を考え合せますると、松岡《まつおか》［洋右《ようすけ》］外相の際に締結した日ソ中立条約の有効期間［を延長するか決める期限］が、あと二ヵ月余りの四月二十五日に迫っている現在、政府として対ソ関係に何等かの手段をとるべき時だと信じます」

広田氏の外交論、ことに対ソ政策は具体的で、陛下も強い関心をもっておられるかに思えた。広田氏は日ソ中立条約の継続を、日本から積極的にソ連に呼びかけること、その交渉に自分が出馬してもよいとの意向をもっていたようだ。広田氏は、さらに奏上を続ける。

「昨日、外務省当局とも話しをいたしましたが、外務省当局の考えも、佐藤《さとう》〔尚《なお》武《たけ》〕駐ソ大使を通じて条約継続について一層進んだ交渉を続ける意向のようで、これは結構に存じます。

殊に現下のドイツの戦局を考え、またカイロで行われた三巨頭会談〔テヘラン会談の誤りか〕の模様を考え合せまするると、今こそ日本のソ連に対する態度を一層鮮明にする要ありと思考します。現状のままでも中立条約は継続されるであろうと観測する者もいますが、ソ連が進んで有利とする行動にでないという保証はございませぬ。と申しましても直ちに英米に加担して、日本に対敵行動に出るというのではありませぬ。

そこまで事態を悪化させぬでも、条約に制限を加えるなどの手段で、日本を不利に追いこむことが考えられます。たとえばポーツマス条約の廃棄、樺太の返還要求、漁業権、満州駐兵権の撤廃、あるいは防共協定、日独伊三国同盟の撤廃等を要求してくるでありましょう。なおまた東支鉄道買収の約束による未支払金、従業員年金の延滞等を理由にして東支鉄道協定の廃棄を申出てくるかも分りませぬ。

ソ連の国力が増強するにつれて、外交交渉も積極かつ無遠慮となり、我国に強く当ってくることは覚悟しておかねばなりませぬ」

広田氏は外交の専門家らしく、日露戦争以来の日ソ間の懸案事項にまで遡及《そきゅう》して、予想される事態を陛下の前に提示した。

陛下は一つ一つうなずかれていた。御文庫の外には冬枯れた大内山の樹々がみられた。度かさなる空襲にも、まだそれほどの被害がなく、大内山は東京とは思えぬほど深い静寂に包まれている。私は空襲警報を気にしていたが、幸いなことに警報は発令されぬ。広田氏はその枯れた性格を示すような淡々とした語り方で、話をさらに進めた。

「対ソ交渉を積極化して、国交を維持しておくことは、戦争の終末を考えても、絶対に必要なことだと思考せられます。このことは政府当局にも、私は進言いたしました。

英米の対日態度は戦局の有利なことを反映して強硬なものと考えられます。四選を果したルーズベルトとしては、自己の支配時代に、この戦争に結末をつけたい考えとみえて、人事配置にもその考えが表れていて、国務長官ステチニアスは祖父がユダヤ系のドイツ人であり、次官グルーは長く駐日大使として御存知の人物でございます。このようにドイツ、日本を知悉《ちしつ》する者を枢要の地位においたのも、なるべく速かに戦局をまとめたいとの考慮からでたものと推察いたします。

米国との関係は特に考えさせられるところはございませんが、米国としては日本に犯された領土の回復が主眼となってくるでありましょう。

以上、ソ連、英米の対外関係について申上げましたが、今後あがる戦果の如何によって変化することでございますから、敵をしてこれ以上長く戦争を継続することの不利を悟らせるような、大きな戦果があがることを切望いたします。今日国民は、皆奮い起って一身もって難に殉ずる気概が充実しております。政府もこの気運に応《こた》えんとする施策を考えておることと承知し結構に存じます」

広田氏はこう結んだ。陛下は、ここで広田氏を直視されて申された。

「この時局において、外交上うつべき手は何であるか」

さらに具体的な解答を求められたのである。広田氏は陛下の前の小机に視線を止めながら、再び口を開いた。

「支那に対しては、如何なる方策を講じようとも、蔣介石は身動きできぬ情勢にあります」

緒方《おがた》［竹虎《たけとら》］氏を中心に進められた繆斌《みょうひん》を通じる和平工作が成果をあげぬまま打ち切られたことを、広田氏は言外に述べたのかもしれない。また蔣政権に対抗して日本軍に擁立され新政権を南京に樹立した汪精衛《おうせいえい》［兆銘《ちょうめい》］氏もすでに昨年（十九年）十一月、名古屋帝大病院で死去していた。従って中国への和平工作は行き詰まりだった。陛下は広田氏のこの言葉で一切を理解なさったようすで、次の質問にお移りになった。

「対ソ交渉をどう進めたらよいか」

「ソ連に対しては、いくらにてもよき立場を造ることが、もっとも大切でございます。日本から新らしい使節がくることをソ連が嫌うならば、大使の交迭《こうてつ》で話を進めることもよろしいと思考します。

現在の佐藤尚武大使は、英仏に知己も多く、連合国要人との連絡に好都合でございますので、彼をスイスに遣わし自由に腕をふるわせて、連合国の必要な方面に接触させたならば有利かと存じます。佐藤大使も在ソ三年、大いに努力し今日に至ったのですが、今となれば却って使いにくい所もございましょう。新大使を送って新しい立場で行動することの有利さを外相にも進言いたしました」

広田氏はソ連工作の一方法として佐藤大使に代る新大使の起用を述べ、終りに声を励ますように力をこめて、こう結んだ。

「ソ連とさらに戦争を起すことは、絶対にいけません。腹背に敵をうければ、今日のドイツの如くなって、憂うべき戦局に陥ると思います」

陛下は大きくうなずかれた。広田氏は、なお陛下の御下問があるかと、小机に視点をとめたままの姿勢でしばらく待ったが、陛下は、

「ご苦労であった」

と犒《ねぎ》らわれて静かに座をお立ちになった。張りつめていた部屋の空気が揺れて、小がらな広田氏が深く叩頭しながら退出していった。ソ連対策、陛下が気になさっていた一つの問題に、何等かの解答がでたような気がした。私も緊張とメモ作業に軽い疲労を覚えたのだった。

陽の目を見た近衛上奏文

二月十四日は近衛文麿公の参内の順番であったが、この朝、木戸内府が侍従長室に姿をみせた。

「藤田さん、きょうの近衛公の参内は、私に侍立させてほしい。近衛公は、あなたをよく存じあげていない。それで侍従長の侍立を気にして、話が十分にできないと困る。ひとつ御前で近衛公に思うとおり話をさせてみたい」

侍従長に遠慮しろということであった。先日来の陛下の真剣な和平に対する御態度もよく分っていたし、陛下と近衛、木戸という方々の従来の深い関係を考えて、私も快く承諾した。

後に木戸内府の筆になるメモが私のもとにまわってきて、それには「侍従長、病気のため、内大臣侍立す」と添付してあった。近衛公の奏上は長時間にわたったらしい。木戸内府のメモによって、これを再現してみよう。

型のように近衛公から天機奉伺を言上、これに対して陛下も「近衛も元気であるか」とおたずねになっている。この後で近衛公は奏上をはじめたが、その骨子は近衛公がこの新年以来、書き綴っていた〝近衛上奏文〟と同じ内容である。近衛公は上奏文を湯河原にあった別荘に籠って奉書に丹念に書き綴っていたが、陛下にお届けする機会に恵まれず、ようやく二月十四日の奏上の席で、これを実現した。それだけに近衛公としては、心中で醸成され醱酵しつくした、いわば練りに練った奏上であっただろう。

「戦局の見通しについて、最悪の事態であることは、遺憾ながら必至でございますので、以下この前提のもとに申上げます。最悪の事態、つまり敗戦は我国体の一瑕《か》瑾《きん》ではございますが、今日までのところ英米の世論は、まだ日本の国体の変更までは進んでおりませぬ。もちろん一部には過激論もあり、また将来どのような変化があるかも測り知れませぬが、目下の判断では国体の変更までは考えていないと存じます。

したがって敗戦だけなれば、国体上はそれほど憂うる必要はないと存じますが、国体を護持するについて、もっとも憂うべきは敗戦にともなって起るであろう共産革命でございます。考えてみますと、我国の内外の情勢は共産革命に向って、急速に進行しつつある。すなわち国外にあっては、ソ連の異常な進出があるのに、我国民はソ連の意向を的確に把握しておりませぬ。

一九三五年にソ連が人民戦線戦術、つまり二段［階］革命戦術を採用して以来、ことに最近になってコミンテルンを解散したことをもって、赤化の危険を軽視する向きが多いのでございますが、これは皮相の見解で非常に危険であると存じます。ソ連が窮極において、世界制覇を目ざしていることは、最近の欧州諸国に対する露骨な策動で明瞭となっております。

ソ連はその周辺の国にはソビエト的政権を組織させ、その他の国には少なくとも親ソ容共の政権を樹立せんとして、着々その工作を進め、現に大部分が成功をみている現状でございます。ユーゴのチトー政権が、その典型的な表れで、ポーランドに対しては予めソ連内に準備したポーランド愛国者連盟を中心に新政権を樹立し、在英の亡命政権を問題とせず押し切り、またルーマニヤ、ポルトガル、フィンランドに対する休戦条約をみますと、内政不干渉の原則に立ちつつも、ヒトラー支持団体の解散を要求し、実際上は容ソビエト政権でなければ存在できぬよう強要しているのでございます。イランに対しても、石油利権の要求に応じないからと、内閣の総辞職を強要、またスイスが国交開始を提訴したのに対して、スイス政府が親枢軸的だとして一蹴し、このためスイス政府の外相は辞任のやむなきに至っております。

米英占領下のフランス、ベルギー、オランダにおいては、対独戦に利用した武装蜂起団と政府との間に深刻な闘争が続けられて、各国とも政治的危機に見舞われておりまするが、この民衆団体を指導しているものは、実に共産党なのであります。ドイツに対しても、ポーランドにおけると同様に、すでに準備している自由ドイツ［国民］委員会を中心に新政権を樹立する意図で、これは英米の頭痛の種であると思われます」

近衛公はソ連の欧州における政略、外交手段を、このように具体的に陛下に説明申上げて、赤化計画は東亜でも、そのまま適用される危険があると力説している。近衛公が何故に、これほど対共産党対策を重視したかについては、近衛公の周囲にあった酒井忠正《さかいただまさ》、有馬頼寧《ありまよりやす》、岡部長景《おかべながかげ》の諸氏の影響もあったことと思うが、先に発覚したゾルゲ、尾崎秀実のスパイ事件なども関連しているのであろう。近衛公はさらに次のように、ソ連が日本の内政にも干渉してくるであろうと続けている。

「ソ連はこのように欧州諸国に対して、表面は内政不干渉の立場をとりながら、事実は極度の内政干渉を行い、国内政治を親ソ方向に引き摺っているのであります。ソ連のこの意図は、東亜に対してもまた同様で、現に延安にはモスコーから来た岡野（注、野坂参三《のさかさんぞう》氏）を中心に日本［人民］解放連盟が組織されて、朝鮮独立同盟、朝鮮義勇軍、台湾解放運動と連繫して日本国内にも呼びかけております。

このような形勢から推察いたしますと、ソ連はやがて日本の内政に干渉してくる危険は十分にあると申せましょう。共産党の公認、共産主義者の入閣を、ド・ゴール政府、バドリオ政府に要求したように、日本にも要求することが考えられます」

近衛公の奏上はなお続くが、この共産党観、ソ連観は先日の広田氏とは相当の開きがあったようだ。広田氏が外交的な見地から、ソ連の要求の限界を、相当緩やかにみているのに比較して、近衛公は厳しく予想していたようだ。

「翻って国内をみまするに、共産革命遂行のあらゆる条件が日々に具備せらるるかの観がございます。すなわち、国民の生活は窮乏し、労働者の発言力は増大し、英米に対する敵愾心《てきがいしん》が昂揚する反面に、親ソ気分が高まっており、加えて軍部内に一味の革新運動、これに便乗するいわゆる新官僚の運動、さらにこれを裏から操っている左翼分子の活躍、こう列挙すると共産革命達成の条件がそろったかに思えます。

少壮軍人の多くは国体と共産主義は両立するものだと信じているもののようで、軍部内の革新論の基調も、ここにございます。皇族方のなかにまで、この主張に耳を傾けらるる方があると仄聞《そくぶん》いたすのは残念でございます。

職業軍人の大部分は、中以下の家庭出身者で、その多くは共産的主張を受け入れ易い境遇にございます。ただ彼等は軍隊教育において、国体観念だけは徹底して叩きこまれているので、共産分子は国体と共産主義の両立論でもって、少壮軍人たちを引きずろうとしていると思われます」

昭和の初頭以来、少壮軍人の独走によって歪められてきた政治史を、身をもって体験してきている近衛公だけに、非常に断定的な論法であったが、体験という点では、近衛公より一段と深刻に味わっていられる陛下である。近衛公のこの赤色革命論をどう受けとられたであろうか。木戸内府のメモにも、この陛下の反応は一言も書き加えてない。しかし後述する近衛公との一問一答に、陛下の御判断が窺える。近衛公は軍人の間に流れている共産主義的な思潮を歴史的に説明を続けている。

「満洲事変を起し、これを拡大して遂に大東亜戦争にまで導いてきたのは、これら軍部内の一味の、意識的計画であったことは今や明瞭であります。満洲事変のころ彼等は公然と、事変の目的は国内革新にあると公言していたのは有名な事実で、支那事変に際しても、事変は長引く方がよい、事変が解決すれば国内の革新が不可能になると放言したのは、これら軍人一味の中心人物でありました。彼等の革新論の狙いは、必ずしも共産革命であると断言は出来かねますが、彼等をとりまく一部官僚と民間有志は、意識的に共産革命にまで引き摺ろうとする意図をもっており、無知単純な軍人が、これに踊らされているとみて大過ないと思うのであります。

民間有志と申しましたが、これは右翼というも可、左翼というも可、いわゆる右翼も国体の衣を着けた共産主義であります。この結論は、過去十年間軍部、官僚、右翼、左翼の各方面にわたって交友をもつ私が、最近静かに反省して到達したものでありまして、鏡にかけて過去十年間の動きを照しみるとき、そこに思い当る節々が頗《すこぶ》る多いのを感ずる次第でございます。

私はこの間二度までも組閣の大命を拝し国内の相克摩擦《そうこくまさつ》を避けるために、出来るだけこれら革新論者の主張もとりいれて、挙国一体の実をあげようと焦慮の結果、彼等の背後に潜んでいた意図を充分に看取できなかったことは、全く不明の致すところで何とも申訳なく、深く責任を感じております」

昭和の歴史は、陸軍の一部が作製した「五十年戦争計画」に従って動いてきた。しかもその「五十年戦争計画」の最終の目的は共産革命である、近衛公はこう確信していたようだった。二・二六事件から支那事変、国家総動員法、電力国家管理法案、三国同盟、政治新体制の確立……何もかもが彼等の計画にあり、しかも世界革命への最大目標である対米英戦争に突入させ、長期戦争によって敗戦に導き、資本主義による政治経済体制を一挙に破壊して革命へと導くこの「五十年戦争計画」の存在を知って、近衛公は愕然としたようだった。この戦争観が正しく的を射ていたかどうか批判は避けよう。とにかく近衛公は、非常な熱心さでもって陛下にこの点を奏上しているのである。

「昨今、戦局が危急を告げると共に一億玉砕を叫ぶ声が次第に勢力を加えて、しかも、いわゆる右翼者流に多うございますが、この背後から煽動しているものは、これによって国内を混乱に陥しいれ、革命を達成しようとする共産分子だと睨んでおります。また一方、徹底的に英米撃滅を唱うる反面に親ソの空気は次第に濃厚になりつつあるように思われます。軍部の一部には、いかなる犠牲を払ってもソ連と手を握るべしという議論さえあり、また延安にいる中国共産党との提携を考えている者もあるとのことで、以上のように国の内外を通じて共産革命に進むべき、あらゆる好条件が日一日と成長しつつあって、今後戦局が益々不利ともなれば、この形勢は急速に進展するものと信じます。

戦局の前途について、何等か一縷《いちる》でも打開の途があれば格別でございますが、最悪の事態は必至の前提のもとに論ずれば、勝利の見込みのない戦争を、これ以上継続することは全く共産党の手に乗るものというべく、従って国体を護持する立場からいえば、一日も速かに戦争終結の方途を講ずべきでございます。

　戦争終結に対する最大の障害は、満州事変以来今日の事態にまで、時局を推進してきた軍部内の彼《か》の一味の存在であると存じます。彼等はすでに戦争遂行の自信を失ってはおりますが、面目上あくまでも抵抗を続けるものと思われます。もし、この一味を一掃せずして、早急に戦争終結の手をうつ時は、右翼、左翼の民間有志がこの一味と響応して、国内に大混乱を惹起し、終戦の目的を達成することができなくなる虞《おそ》れがございます。

　従って終戦のためには、その前提としてこの一味の一掃が肝要で、一味さえ除けば便乗の官僚、右、左翼の民間分子も影を潜むるでございましょう。思うに彼ら官僚、民間分子は、未だ大きな勢力は結成しておらず、軍部を利用して野望を達成せんとする者に外なりませぬ。故にその本を絶てば枝葉は自ら枯れます。

　この一味を一掃して軍部の建直しを実行することは、共産革命から日本を救う前提先決条件なれば、非常の御勇断をこそ望ましく存じ奉ります。以上申上げましたことで、間違った点があれば何卒お叱りを戴きたく……」

一度ここで言葉をきった近衛公は、再び軍部について付言している。

「なお、これは少々希望的観測になると存じますが、もし彼等軍部の一味を一掃すれば、軍部の性格、相貌も一変して、英米および重慶の空気も、あるいは緩和するかも分りませぬ。元来、米英においては、戦争の目的は日本軍閥の打倒にあると申しておるのでございます故、軍部の性格が変り、その政策が改まれば、彼等としても戦争継続について考慮するようになるのではなかろうかとも存じます」

近衛公は終戦を前提として述べていたが、如何にして終戦に時局を移すかの具体的な方策については成案をもっておられなかったようだ。ただ共産革命の脅威を、言葉を尽して述べ、その主力になっているのが他ならぬ軍部の一味であると指摘するのである。一味とは一体、誰を指すのであろうか。陛下も、この近衛公の議論には、内心でその特異さに驚かれた御様子が窺われる。陛下は近衛公の奏上がすむと、直ちに御下問になっている。

陛下　我国体について、近衛の考えと異なり、軍部では米国は日本の国体変革までも考えていると観測しているようである。その点はどう思うか。
近衛　軍部は国民の戦意を昂揚させるために、強く表現しているもので、グルー次官らの本心は左に非ずと信じます。グルー氏が駐日大使として離任の際、秩父宮の御使に対する大使夫妻の態度、言葉よりみても、我皇室に対しては充分な敬意と認識とをもっていると信じます。ただし米国は世論の国ゆえ、今後の戦局の発展如何によっては、将来変化がないとは断言できませぬ。この点が、戦争終結の策を至急に講ずる要ありと考うる重要な点であります。
陛下　先ほどの話に軍部の粛正が必要だといったが、何を目標として粛軍せよというのか。
近衛　一つの思想がございます。これを目標と致します。
陛下　人事の問題に、結局なるが、近衛はどう考えておるか。
近衛　それは、陛下の御考え……。
陛下　近衛にも判らないようでは、なかなか難かしいと思う。
近衛　従来、軍は永く一つの思想によって推進し来ったのでありますが、これに対しては又常に反対の立場をとってきた者もありますので、この方を起用して粛軍せしむるのも一方策と考えられます。これには宇垣、香月《かづき》［清司《きよし》］、真崎《まさき》［甚三郎《じんざぶろう》］、小畑《おばた》［敏四郎《としろう》］、石原《いしわら》［莞爾《かんじ》］の流れがございます。これらを起用すれば当然摩擦を増大いたします。

考えようによっては、何時かは摩擦を生ずるものならば、この際これを避くることなく断行するのも一つでございますが、もし敵前にこれを断行する危険を考えれば、阿南《あなみ》［惟幾《これちか》］、山下《やました》［奉文《ともゆき》］両大将のうちから起用するも一案でございましょう。先日、平沼、岡田氏らと会合した際にも、この話はありました。賀陽宮《かやのみや》は軍の建て直しには山下大将が最適任との御考えのようでございます。

陛下　もう一度、戦果をあげてからでないとなかなか話は難しいと思う。

近衛　そういう戦果があがれば、誠に結構と思われますが、そういう時期がございましょうか。それも近い将来でなくてはならず、半年、一年先では役に立たぬでございましょう。

御意志に遠い重臣の奏上

二月十九日は若槻礼次郎《わかつきれいじろう》男爵、つづいて牧野伸顕《まきののぶあき》伯爵が参内した。牧野伯は首相の経験がなく、表向きは重臣でなかったが、前内大臣［この時点で四代前］として陛下に近い存在であった。また吉田茂氏の岳父であることは有名である。若槻男の奏上の要旨は次のようなものであった。

「東条内閣の時に、制空、制海権を失ってしまった今日、ロンドン、ワシントンに城下の誓いをさせることは不可能であるから、日本の大方針としては、勝敗なしという状態で戦争を終結させることを目途にし、平和の機会があれば直ちにとらえ、そのためバチカン、マドリードの如き所に相当の人物を派遣することを進言した。が、今でもこの考え方の基本は変っていませぬ。チャンスをとらえて和平を結ぶべきだと信じております。そのためには本土防衛が絶対に必要で、本土には一歩もよせつけぬという勝敗なしの状態を維持する要がございます」

陛下　若槻の成案はあるか。

若槻　今日の情勢におきましては、戦い抜いて、敵が戦争継続の不利を悟る時のくるを待つほかはございませぬ。

若槻男もまた具体的な和平案とその時期について、陛下の満足なさる解答をもち合せなかったかに思える。すでに現役を退き、適切な情報網をもたぬ重臣たちに、それを求めるのは或いは無理であったのかも知れぬが、すでに心に大方針を樹《た》てられている陛下をお力づけするに足る〝決意〟を誰かが述べることを期待なさったのに違いない。《条件はともかく、この戦争は一日も速かにやめなければいけない、重臣の誰かが、こう言うのを陛下はお待ちになっていたのではないか》

侍立して、陛下の御下問を直接に聞く私には、陛下の発言のニュアンスから、そう感じとっていた。

若槻男に続いて牧野伯だった。牧野伯は重臣というより、旧側近奉仕者として、天機奉伺の言葉を奏上するという形式だったので私は侍立しなかったわけだが、牧野伯は、海外情勢から説き起して、和平の時期を選ぶには、まず戦局を有利に展開することが先決である、と述べた、と伝え聞いている。だが、この奏上の途中で空襲警報が発令され、中止したままになってしまった。

越えて二月二十三日は岡田啓介海軍大将だった。二・二六事件以後は政界の第一線から退いた方だが、私には海軍の先輩として親しい仲であった。岡田大将は海軍でも代表的な記憶力のよい人で、決してメモをとることをしない。それでも複雑な数字とか文書を実に細かく記憶していた。一種の天才であったと思う。岡田大将は、戦局が急迫した原因は米軍の科学技術と物量の豊富さにあると断定することから奏上を始めた。

「敵大型機の来襲、艦載機の大挙来襲の結果、国内の生産力の維持も容易でなく、今後我が戦力は逐次減殺されることは覚悟しなければなりませぬ。国際情勢も昨年十一月のスターリン演説、連合国巨頭会談から察すれば、日本の戦力が減退し国民が戦局の前途に不安を懐く時期に、ソ連は英米と歩調を合せて外交攻勢に出ることが考えられます。

戦局を担当する陸海軍は、誰がやっても同一かも知れませぬが、その状況判断が希望的、楽観的に過ぎる点が少なくなく、国民もまた明確なる判断材料がないため、やや楽観気分に傾いているのではないかと思われるのであります。このような状態でも、可能の限り迅速に国力を結集して、残された全力をあげて戦争遂行に邁進することは勿論でございますが、一面には我に有利な時期を捉えて戦争をやめることも考うべきでございます。ただこれは容易に口外できぬことで、このため思想の分裂混乱を来す虞れあり、政局の衝にあたる者、よろしく腹中にて考えを定めおくことだと存じます。

国力を結集するには、因習を打破してかからねばなりませぬ。先ず陸海軍が、その垣根を完全にとりはずすことでございます。一例をあげまするると、陸海軍使用の飛行機も、その所要の向きに応じて同一のものにてよいと思われます。

次に陸海軍は政治の部面において一体化すべきで、戦争最高指導会議はそのための仕組みだと存じます。終りに一言申述べますが、若い者のなす所、実に尊敬に値するものがございます。特別攻撃隊といい、生産挺身隊といい、皆純真に全てを国に献げんとしておるので、これに応うるには相当思いきった抜擢が必要でございましょう。また戦場が近接するにつれて、国民の生活は国家において確保し、食糧の不安を与えぬよう政府では最善の手を尽すべきで、現状ではまだやりようがあると思われます」

岡田大将は戦争終結と陸海軍の協力を骨子として奏上した。理路整然として乱れはなかったが、終戦の直接方策にはふれず、やはり「有利なる時期をとらえて終戦」という抽象的な表現にとどまった。陛下は直ちに御下問になる。

陛下　岡田のいうように心配な点はいろいろとあるが、この実行は困難なことばかりだと思う。国力の結集をどうはかるか。

岡田　仰せのとおりでございます。ドイツ、米国においても、科学の粋を戦力化することには大いなる努力をなしています。我が国では、この点に不十分の所がございます。民間の技術者もその工夫考案を陸海軍に提供し、陸海軍は虚心坦懐にこれを包容せねばなりませぬ。

いま一点、我国民の短所は数を軽んずることで、統計局の国勢調査まで軽視されて、労働力など人的資源の問題が、数に立脚せずに処理されております。科学の粋を正確なる数の上に用いる習慣が大切であると思考します。

陛下　政府の指示したことが正確に伝えられず、これに輪をかけたものが伝わって、無理がでるのであろう。

岡田　その点仰せのとおりで、工場と資材の不均衡も目に余るものがあり、南方よりの資材輸送はとだえているのに、景気のよい号令で工場だけが増設され、遊休施設となっております、これでは国力の結集は不可能と思われます。

重臣参内の最後は二月二十六日、東条英機前首相であった。米内海軍大将は現職の海軍大臣、阿部陸軍大将は朝鮮総督であったので、この二人の重臣は召されなかったので、首相の経歴をもつ重臣の参内は、東条大将で終りであった。東条大将は相かわらず意気壮んであると見受けられた。私は侍立しながら、かつて長男が東京帝大を卒業した時に父兄として卒業式に列席したことを想起した。首相として式に臨席して式辞を述べたのが東条大将であったが、その大要は、「人は卒業の席次によってその将来を決するのではない、要は長じて社会に出てからの人格の陶冶である。卒業に際して凡庸の評があっても、後に大成した人は少なくないが、何れも後年、修養に努めた結果である」と述べ、まことに当を得た式辞であったのだが、その後に、「その好例が、かく言う東条である。余は幼にして凡中の凡人であったが……」東条首相は自画自讃をつづけた。これには苦笑を禁じ得なかったのは父兄ばかりではない。列席の学生たちも失笑していた。陛下の前に進んだ東条大将の自信は、その時と何等変らないようにも見受けられた。

当日の空気を示すために、私がメモを浄書して木戸内府に届けたと同様の文語体でこれを記述してみよう。これは最近私の手元に入手した当日のメモの写しによったものである。

昭和二十年二月二十六日、東条陸軍大将天機奉伺の際奏上要旨（約一時間）、侍立、藤田侍従長。

先ず椅子を賜わり東条は如何かとの仰せあり。東条大将よりは天機奉伺の言上、特に拝謁を賜わりたる御礼言上、以下東条大将奏上の要旨。

前責任者として戦局の現状に対し責任を痛感しあり。戦局に関しては現輔弼の責任者に十分の考えあるべく、第三者の位置にあるものも亦然るべきこと勿論なるが、東条は今これに関し私見の存する所を申上ぐ。

去る二月七［四］日より行われたるクリミヤにおける、三巨頭会談が、今後政戦両略の基礎たるべし。その一応表面に露れたる所は、もっぱら対独処理に存するごとく見ゆるも、その裏面において太平洋問題が大きく扱われ、大体基礎的了解をとげられたるものと思考す。その理由としては日ソ中立条約の廃棄を決する最後の日、四月二十五日を選び、桑港［サンフランシスコ］において会議を開き、これに重慶、ソ連の参加を発表すると時を同じゅうして、この対独案件に対して非公式なれど、太平洋［問題］調査会の決議を発表ありたりしが、その後諸情報により調査考究して逐次この両者の関係を明らかにするを得たり。すなわちクリミヤにて表面議題として伝えられざる対日問題は、事前に米国首脳者がソ連に赴きて談合せられありたるものなり。

さて今後、太平洋問題は如何に展開し来るべきや。比島戦をみるに、我はマニラを捨て主として山地に陣地を結集しあるをみて、相当の抵抗を持続し得るの算ありと判断すべく、四月二十五日より前に我軍潰滅というが如きことはあり得ず。敵軍十二個師団に対し、我また相当の兵力あり。比島戦遂行の現下、米国が今後、後詰として用い得る兵力は十個師団なりという。これを米国として何処に用いんとするか、クリミヤ会談前にては比島の増強、南支の新作戦等のことも考えられたるが、会談の結果より考えるに、これはやらぬと思う。敵は四月二十五日を目標として、それ迄に対日政戦両略のあらゆる手を打ちて、日本を立つこと能わざらしむるの状態を造りあげる。ドイツはソ連、米、英にて、それまでに片付け終り置く。

そこで四月二十五日に各国を集めて、日本が手も足も出せぬという状態をみせるという広い手をうつ。これが敵の狙う所なり。故に今において比島や南支には新行動を起すことなしと思う。

二月十六、十七日の機動部隊の来襲は、右の手の一つなるが、私見として過早に行われたる彼の行動は、クリミヤ会談の結果を可及的迅速に発動して、世界の耳目を集めんがための一手なるべし。按ずるに追っては台湾、琉球、上海等[illegible]し、日本はついに手も足も出ずということを世界に誇示することなるべし。米国の冒険的性格を考える時、それはあり得ることなり。

硫黄島に侵寇し来り、その攻略に焦慮しあること亦この一つのあらわれなり。然るに二月十六、十七日機動部隊の艦載機空襲は当日にとどまり、第三日、四日と続行することを得ざりき。サイパン侵寇においては、機動部隊をもってする同島の攻撃は一週間も継続せられたりしが、これを本土近海に敢てするに及んでは一日半以上に留まるを得ざりき。昨二十五日の空襲はサイパン基地のものを加えて五百機と思われるが、敵がこの空襲を何日継続し得るや。事実今日は未だ来らず（十時五十分頃なり）。これは十分なる力なくして政治的の効果を狙い行いたるものとみらる。彼これ按ずれば四月二十五日までにドイツはすでに亡びたり、今は日本一国のみが対手なりという形態を誇示せんがため、政治的また戦略的の姿勢を世界に示すものとみらる。

なお敵側にては三月一日までに日独に対し宣戦せざるものは四月二十五日の会談に参列せしめずという。政略として利口なる遣り口なり。我国としては四月二十五日までに、急速なる変転があるものと、しかと考え置くべきなり。我が戦備が如何なる状態にありやに就いては、半分成功、半分不成功とみる。これにつきては無論、楽観はせざれど、さりとて又悲観もいたさず。かのテヘラン会談において、敵の企図せし所は、①太平洋攻勢②大陸における攻勢③あわよくばソ連を抱きこむ、この三所攻めにて日本を押えんという作戦なりき。これにつき如何なる現状にありやというに、幸いに大陸方面における敵の企図は封ずるを得たり。支那基地よりの爆撃低下し来たれることはその証なり。ソ連の抱き込みも今日まで成功しておらず。

聖上にも御回想下されることと拝察致す所であるが、大東亜開戦の御決定において、十七年度にはソ連は立つことあるべしとせられしが然らず。外交的には成功を得たりというべし。敵側三個の企図のうち、その二点まではこれを打破りたり。

只今深刻に太平洋上に起りつつある進展に対しては全体的に観察して、成功不成功相半ばすとすらみる所以なり。これは一般的の観察なるが、次にドイツに対する判断を申上ぐ。

米英においては、ドイツは昨年末迄に片付くものとせり。これは米の予算、またはその平時生産への転換により明らかなるが、これは齟齬《そご》せり。我当局は十二月まで持ちこたえ得るや否やを危ぶみしが、ドイツは今日なお死闘を継続して米英の大兵力を引付け、敵は太平洋に力を用いるを得ず。これ米英側の作戦、政略上の齟齬なり。これを生産力よりみるに、米国の鋼鉄は年産八千万トンを切り、石炭もまた六億トン以下に低下し、飛行機生産高も一九四三年に十二万機と予定せしものが十万台に止まり、本年は七万四、五千台に低下すべく思わる。殊に兵力動員と労務動員量の問題は深刻なり。これにつきては我国は余裕あれど、米国の陸海軍合計千百七十万（全人口一億二千万、内白人八千万とみれば我国と同じ）。労務に動員せるもの六千万にして、既に可能の最大限に達しあり。即ち生産力は日本も低下しあれど敵米においても低下しつつあり。然し何といっても量で戦うということならば太刀打は不可能なり。

故に敵が戦艦一隻を、また空母一隻を増したりと知りて、我またこれに倣《なら》わんとするも及ばず。我は特攻隊によらば一、二機の飛行機と爆薬または快速艇をもってこれに対抗するの策を講ずべし。かくの如くに戦闘の方法を考えるとき対抗の仕方も立つべく、また所要の兵器の生産には事欠かざるべし。また作戦地域と各々の本土との距離は、米本土よりは八千キロ、我本土よりは千数百キロ（硫黄島を指せるものと思われる）、しかして補給能力は距離の自乗に逆比例す。

かく考え来れば我国は作戦的にも余裕あることを知るべし。敵は四月二十五日を以て劃期《かつき》とす。日本にとりては脅威なるも彼亦脆弱点《ぜいじやくてん》を蔵す。一見我に有利なる判断をなすが如きも、我を知ると共に、敵を能く知る上にこそ戦争における廟算《びようさん》は立つ。

昭和二十年二月末であるのに、東条大将のこの戦局判断の強気は、陛下を驚かせるものがあったようだ。連合国側のクリミヤ、テヘラン会談の情勢判断、連合国の作戦日程に対しての見通しはともかくとして、米国の戦力の認定の甘さは誤りも甚だしいものではなかったか。また日本の戦争遂行能力についても余力があると断言しているが、生産力の低下を前首相である東条大将が、この程度にしか承知していないとすれば事は重大である。陛下の御表情にも、ありありと御不満の模様がみられた。しかし、東条大将は委細構わず、立て板に水を流すような雄弁を続ける。しかも、それは極めて重要な点であった。彼は和平工作を痛烈に批判しはじめたのである。

次に申上ぐることは、今日不幸なことながら我国に思想的、精神的に二つの懸念すべき点あり。御前にて言い過ぐる如きも申上ぐ。戦局の不利、爆撃の激化は人心に不安を招来し、これに加うる敵の宣伝によりて敗戦思想を植えつける。然しながら今日、太平洋戦局をみるに、硫黄島に敵は上陸し来りたるに至れるも、従来敵の占領に委せたるは外域にして、而も占領地または委任統治により新付のものにして純粋の領土にあらず。真の日本の皇土に敵をみるは今回が最初のことなり。敵は開戦前四週間にして日本を屈服せしめ得と豪語せるが、四年後の今日漸く硫黄島にとりつき得たりともいい得。空爆の程度もドイツに比すれば序の口なり。新聞報によるもドイツに対しては四千機と伝う。我にありてはB29は二千数百キロの遠方より五日または七日に一回、百機内外のものが来るに過ぎず。機動部隊よりする戦爆連合も最近始まりたるも、これも長続きするものでなし。かく見来れば、今回の我本土空襲も、近代戦の観点よりすれば序の口に過ぎず。この位のことにて日本国民がへこたれるならば、大東亜戦完遂と大きなことはいえず。

なお近代戦における宣伝の効力につきては、一般に認識不足なることより敗戦思想に冒さるるものなるが、下層民または青年につきては大した心配は要せずと思考す。

生活問題に対する懸念、配給の現状、生活困難につきては、とかくの論議はあれど、最近フィンランドより帰朝せる者の談を聞くに、日本の現状はフィンランドやドイツに比して苦しからず。日本に帰りて冬に野菜を食するを得たるが、これは数年来、かの地にて経験せざるところなり。配給量も少なしと思わずとのことなり。配給に対する苦情も、従前の飲食に対する考えより起る。陛下の赤子なお一人の餓死者ありたるを聞かず。

東条大将の国民生活に対する大きな錯誤は、いまさら指摘するまでもあるまい。国民の真の姿を把握していない。生活の苦しみについても、一方的な認識しかもっていなかったようだ。塗炭の苦しみを味わっていた国民が、これを聞けばどう感じたであろうか。私も、いささか情ない思いで東条大将の言葉を聞いていた。また米軍の空襲についても、甘い判断しかもっていなかった。事実は旬日の後に東京の半ばは灰燼《かいじん》に帰し、米機動部隊は終戦まで半年間、縦横に日本近海を遊弋《ゆうよく》していたのだから、東条大将の軍事的判断の不正確さは歴史の批判を受けるまでもない。一方的な詭弁《きべん》であったといってよかろう。しかも彼は陛下の御心中がすでに和平に固まっているのを知らず、国民の敗戦思想を強圧的にしかりつけた。東条大将は結論として、次のように続けた。

然らば如何にすべきや。第一に肝要なことは政戦両略ともに陛下御親政、御親裁の下にあることを明瞭に顕現することなり。東条在職中にも申せしが如く、このことは形の上に直ちにわかるようにすることを要す。即ち大本営を真に陛下の御膝元にあることをはっきりさせることとなり。大本営陸軍部、大本営海軍部と分在しあることは国民の異様に感ずるところなり。次に閣議も総理大臣の住宅である官邸で行うことをやめ、宮中において催すべきものと思う。在職当時、これを実行せしも今は旧に返りたり。次に枢密院、元帥府が眠っていてはならぬ。陸海軍もまた渾然一体なるべし。

四月二十五日に至ってソ連は日ソ中立条約の廃棄を通告し来るやも知れず。かくなりても我は正義の上に立つ戦なり。皇国不滅を信じて立つならば悲観に及ばず。その後起り来る欧州の情勢の変転を注視し平和をつかみ得べし。一度へこたれんには、爾後《じご》の日本は度外視せらるべし。かくなりては万事終焉なり。実に四月二十五日の前後は重大なる時期なりと思う。

東条大将の自発的な奏上は以上で終った。陛下はただ一言、ぽつりと御下問になる。

陛下　ソ連が武力的に立ち上ることはないと思うか。

東条　その点につきましては一月ほど前にフィンランドより帰朝した者と、二週間ほど前にシベリヤ経由で帰朝した者の観測がちがっています。前者はソ連の人民には戦意はないとみています。その論拠は、彼が同車した退役陸軍少佐の飛行機搭乗員が、公然とこの戦いはお互にやめたいと言っていたことで、ソ連は今日、最大限に兵力を用いているので、四月二十五日以前にドイツが崩壊すれば、その時に兵力の余裕が生じますが、そうでなければ兵力の源泉は涸渇《こかつ》いたします。故にドイツが毅然として戦争を継続する間は欧州より兵力を抜いてシベリヤに送り得ませぬ。また仮りにドイツが崩壊しても、米英ソの間には深刻な争いがあって、有力な兵力を欧州に止めおかなければならず、大兵力をシベリヤに抜くことは不可能でございます。事実、今日疲労していて立て直しの必要兵力を、シベリヤに転用することは困難で、これが前者のソ連立たずとする観測でございます。

それに対して後者は、日本を攻撃する大きなチャンスさえあれば、大兵力を引き抜くことも、ソ連は辞せないと観測していますが、いずれとも判断は難しいが、今日関東軍と勢力が平衡状態にあるソ連軍は、ドイツの様子如何によって、増強されることは考えられます。従って対日参戦は五分五分と思考いたします。

目下硫黄島に四ヵ師団、我軍は一ヵ師団と海軍六、七千人で戦い、敵は苦戦しております。補給杜絶は時間の問題でございましょうが、四月二十五日までに陥落することはございませぬ。台湾、琉球に対しても心配はありますが、防備は充分なので容易に敵手に委ねることがあるとは思えませぬ。ただし、海軍力が十分でないので、補給には困難がございます。この情勢にてソ連が、直ちに中立を放棄することは考えられませぬ。

しかし硫黄島を失い、台湾、琉球、支那大陸を敵に委ねるならば、敵は日本も問題なしに今一押し押せばよいと考え来るでありましょう。従って今のところ五分五分と思考いたします。

遠慮のない発言には好意をもったけれど、私の聞いた感じでは、自分が内閣首班で行ってきた施策を、現内閣が改変して、逆に国民の戦意を衰えさせているといったふうの独善が感じられた。和平に対しては真向から敗戦主義であると罵倒したが、その戦局判断の甘さとともに、これは後世史家の批判を受ける点であろう。東条大将は、陛下の御心が何を求めておられたかを看取していなかったのではないか。

陛下自らお考えになり召致された重臣の意見は、以上のように種々と分れていた。誰が陛下の心に近く、誰が隔りがあったか。陛下は判然と識別になったに違いない。天皇は、国の政治へ直接の発言はなさらない。しかし陛下の心中深く、戦争終結の御決心がついたのも、この頃であったと拝察する。私は侍従長としての職分を守り、一言も陛下にこの件について言上することはしなかったが、君臣の間に一脈の流れを感じとることができた。

皇居炎上す

三月十八日、私は陛下に供奉して東京の空襲被害地を巡った。この日は彼岸の入りであったが風が冷たく、陛下の御巡幸の道順の警戒もできぬほど、焼け跡の整理はできていない。深川富岡八幡宮の焼け落ちた本殿の跡で、大達《おおだち》［茂雄《しげお》］内相が被害状況をご説明申上げたが、この日の御巡幸を知らぬ都民は、ふと陛下のお姿をみて、驚きの表情でお迎えしていた。

陸軍の軍装を召された陛下は、都民のモンペ姿、防空頭巾姿にいちいち会釈しながら、汐見橋、東陽公園、錦糸町、駒形橋、上野、湯島切通坂と一巡なさった。車中で私に悲痛なお言葉をおもらしになったのは、湯島を通り過ぎる頃であったろうか。

「大正十二年の関東震災の後にも、馬で市内を巡ったが、今回の方が遥かに無惨だ。あの頃は焼け跡といっても、大きな建物が少かったせいだろうが、それほどむごたらしく感じなかったが、今度はビルの焼け跡などが多くて一段と胸が痛む。侍従長、これで東京も焦土になったね」

戦争の惨状を、つぶさにご覧になって、国民の不安と苦しみが、陛下の御心をうった。自然をそのままに感じとられる陛下は、それだけに直感力にすぐれ、その理解の正確さは驚くほどだったが、この日も戦争終結の必要を感じとられたのであったろう。沈痛な面もちで宮城に帰還された。四月に入ると米軍は沖縄に上陸、いよいよ本土決戦も迫って来た。

五月二十五日夜十時過ぎ、官舎に帰ってくつろいでいた私は、非常電話に呼び出されて急ぎ参内した。私が到着するころから、猛烈な夜間空襲が始まった。およそ二時間にわたってB29二百五十機の無差別爆撃が行われた。すでに三月の空襲で大半の機能を失っていた東京都であるが、この日の空襲は、瀕死の東京に最後のとどめを刺すように行われた。この日に狙われたのは、焼け残っている帝都の中西北部一帯であり、銀座から、霞ケ関の中央官衙《かんが》街にかけては火の海となり、宮城から目と鼻の間の参謀本部から吹き上げる炎は、十五メートルの強風にあおられて、大内山へおびただしい火の粉を吹きつけて来る。宮城の大事を知って、皇宮警手からなる内庭分団をはじめ、近衛兵、警視庁の特別消防隊も四十台の消防自動車とともに、それぞれ定めの位置をかためていた。

やがてB29の爆音は去り、警報もとかれた二十六日午前一時少し前の頃と思う。突然、

「正殿が火災です！」

皇宮警手の非常を知らせる電話が侍従室に鳴りひびいた。

正殿は突如として火を噴いたのである。強風に向って口をひらいていた狐格子に、参謀本部の方からとんで来た火の玉が、しばらく屋根裏でくすぶっていて、やがてごおっと燃え上ったのである。火焔は見上げるような正殿の屋根から屋根をはう。吹きまくる強風の中で、待機していた特別消防車のエンジンが一斉にうなり出したが、水圧が低くて消火は思うにまかせない。火焔は忽ち巨大な火柱となって、正殿を包み、明治二十一年、明治天皇が世界建築の粋をあつめて造営した建物はつぎつぎと燃えて行く。

待避所に待避中の陛下にも、いち早く「正殿炎上」の報らせは届いた。さすがの陛下も、面をこわばらせて、「正殿に火がついたか、正殿に！　あの建物には明治陛下が、たいそう大事になさった品々がある。大事なものばかりだ。何とかして消しとめ

たいものだ」

とせき込んで語られる。そしても早望みが断たれると、

「御殿は焼けても致し方ない。それよりも局たちの御殿にまだ火がついていないならば、全力をつくして助けてもらいたい、局の御殿がなくなったら、明日から困るだろう」

と危急の間にも局たちを案じられる陛下であった。

豊明殿をふくむ御殿の風下には局たちの御殿がある。古びた二階建の木造長屋である。それに並行した西側の一段高まった場所には、皇太子をはじめ、御姉弟の宮が生れた御静養室がある。そして御静養室も、御局の御殿も、正殿からの百間廊下でつながっている。

急を聞いてかけつけた工兵隊によって、百間廊下は爆破され、延焼を断つことが出来た。

やがて正殿はどっと焼け落ちた。ほどなく夜が白み、朝を迎えた。陛下はまんじりともなさらなかった。私たちも、深い嘆息に、生気を失った顔で朝の光を仰いだ。皇居正殿が炎上してしまったのだ。陛下のご心情を拝して、私は奏上する言葉もなかった。五時間近くも皇居をなめた業火は、皇室の貴重な美術工芸品も、陛下のご蔵書も

焼き払っていた。

消火班の出動と同時に、近衛兵の一隊が調度品、美術品の搬出にあたったのだが、なれぬこととて形の大きな物ばかりを搬出して、重要美術品などは、ほとんど出さなかったのであった。陛下の御心配も空しく明治陛下ゆかりの品など大半が焼失してしまっていた。

吹上御苑には陛下が収集なさった植物が、高地、平地に区分されて移植されていた。侍従たちの奉仕で高地には高山植物、平地には種々の植物を仕分けして大事になさっていたのに、これも一夜にして焼失、道灌《どうかん》以来という大ケヤキが数本、焼けただれた姿をさらしていた。しかも、消火に奔命した消防士、皇宮警手ら三十余名の生命までも奪って。

ついに皇居正殿は炎上し、宮城もB29空襲の前に安全ではなくなってしまった。この頃、女官たちの間に一種のウワサ話が拡まっていたのである。デマは、何処の社会でも弱い所から拡がってゆく。宮城が長野県に引っ越すという話であった。

事実、陸軍は長野県松代《まつしろ》に広大な地下壕を掘っていた。そこに大本営を移して、米軍の本土上陸を迎え、徹底抗戦を図るというのである。この松代大本営の話が、いつしか女官たちに伝わっていたのであった。そこで、事の真相を確めるために、宮相が陛下にも、この噂話のあることを申上げると、陛下はすでにご存知であった。

「不思議な話だと思っていたよ。人をやって現地を調べてきたらよかろう」

陛下は問題になさっていないふうだった。女官たちの動揺を防ぐためにもと、侍従と宮内省の事務官が、松代に出かけてみることになったが、陛下には東京を離れられる気持ちは微塵もない。言葉にこそおだしにならぬが、皇居に最後まで残られるのは、強いご決心であった。私たち側近の者もまた、それは当然のことと信じていた。

松代に移られ、大本営が設置されたとしても、穴にとじこめられた熊のようなもので本土での作戦の指揮はとれない。敵軍に橋梁を爆破され、通信設備を破壊されてしまえば、各地ごとに兵団が孤立するに過ぎない。本土を守護するのは、やはり東京が戦略的にもポイントである。しかも皇居に陛下がいますという国民の安心感は、何ものにもかえがたいものだ。私たちは、このように信じていたが、陛下の御心もそこにあった。

断じて皇居は動かぬ、陛下も私たちも大内山に立て籠る意気ごみであったのだ。松代大本営案は宮中では問題にされなかった。

意中の人、鈴木首班

昭和二十年四月五日、小磯・米内内閣が総辞職した。すでに硫黄島は三月十七日、守備軍が玉砕して陥落していた。二月十九日の米軍上陸以来一月余、この火山列島では史上まれな激戦が行われたのだった。続いて米軍の飛び石作戦の鋭鋒は沖縄に向けられ、米第五艦隊長官R・A・スプルアンス大将指揮の米軍は、四月一日から沖縄本島に上陸を始めた。

先に東条大将が奏上して述べたとは、うって変る米軍進攻の速度で、戦局の趨《おもむ》くところ本土決戦も間近いと予想される事態での政変である。内閣は総辞職の理由として、戦争指導の行き詰りをあげていた。

組閣にあたって、特に陛下から、「小磯・米内の二人で協力して事に当るよう」と、特別のお言葉があり、陸・海軍の協力を狙って、閣僚の選考にも細心の注意を払った内閣であったのに、施政わずか八ヵ月で挂冠してしまったのだ。

すでに狂瀾《きょうらん》を既倒《きとう》にめぐらす戦争指導の妙手は失われていたかも知れぬ。だが誰が、この難局の矢面に立って、政局を収拾するか。後継首班を推選するために宮中に集まった重臣にもきめ手はなかった。

陛下も、この突然の政変には驚かれたようで、内閣挂冠の事情についても種々と木戸内府に御下問になっていたようだ。しかし、この時、陛下には切り札ともいうべき後継首班の候補者があったのである。陛下は木戸内府の奏上をお待ちになっていた。

五日午後五時から三時間四十分にもわたって重臣の話し合いは続いた。出席者は若槻・岡田・広田・近衛・平沼・東条各首相経歴者、それに枢密院議長鈴木貫太郎氏が加わり、木戸内府の司会で進められた。この重臣会議の模様は、東京裁判に出された木戸侯の口述書によると、次のように意見が分れて難航したようだ。

鈴木枢相は、この際陛下の思召しも拝し、さらに牧野伯の意見も聞いて、事を慎重に運びたいと、先ず口をきったが、平沼氏から軍人であることと国民の信頼をつなぐために鈴木枢相の蹶起《けっき》を求め、近衛公も未だ政局を担当していない新鮮な人として鈴木枢相案に賛意を示した。これに対して当の鈴木氏は軍人が政治に関与するのは亡国の基だとしてローマ、カイザー、ロマノフ王朝の例をあげて反対した。

一方、東条大将は、本土決戦をひかえて国内防御《ぼうぎょ》が重点となるので、国務と統帥は一本でなければならぬとして、陸軍主体の畑〔俊六〕元帥起用を主張した。しかし、これには賛成する重臣はなかった。そこで東条大将は、強腰に陸軍の意向と断わって言葉を続けている。

東条　国内が戦場とならんとする時、よほど注意なさらぬと、陸軍がそっぽを向く虞れあり。陸軍がそっぽを向けば内閣は崩壊しますぞ。

木戸　重大なことを言わるるが、何か兆でもありますか。

東条　ないこともありませぬ。

木戸　今日は反軍的の空気もつよいのです。国民がそっぽを向くことだってあり得ましょう。

岡田　この重大時局に、大命を拝する者にそっぽを向くとは何事か。国土防衛は誰の責任と考えるか。陸海軍ではないか。

東条　心配があったから、御注意下さいと言ったのです。

若槻　日本国民たる以上、そのような事のないことを信ずる。

東条　四月二十五日の桑港会議が重大な時期になる。従って今度の内閣は最後の内閣と思われるが、いま国内には戦争継続と和平との両論がある。そのどちらを選ぶかを先に決めるべきではないか。

しかし、この東条大将の発言は黙視された。いまは内閣首班の推選がテーマである。会議の空気は鈴木枢密院議長の出馬要請に傾いた。だが鈴木氏はなかなか受けない。

「自分は政治に対して、余りにも無経験であり、しかも老齢で耳も遠い」

強硬に辞退されたが、重臣会議はついに推選に押しきった。木戸内府が陛下に「鈴木首班」を奏選したのは夜九時をまわっていた。陛下の切り札的存在は、実は鈴木氏であったのである。

私は海軍の後輩として、鈴木大将の人柄をよく知っているが、その卒直な性格から推察して、重臣会議の席上で出馬を要請されて、真に困惑されたのだと思う。政治に未経験だという辞退の理由も心底からでたもので、単なる口実ではない。

「後継首班には鈴木さんを奏選しました」

御前から退出してこられた木戸内府は、私にこう言われた。

「鈴木さんが、お受けになりましょうか?」

思わず口をついてでた言葉である。鈴木さんの性格を知る者として、政治の場にでられるわけはないと独りぎめしていたからだった。

「大丈夫です。鈴木さんは受けられますよ」

木戸内府は、自信のある口調で答えられたが、木戸供述書には、次のように記されている。


「夕食後(重臣会議の後)さらに鈴木男に、この重大時局に御命令あれば、引受けられたしと、誠意を披瀝して懇請を重ね、それとなく戦局転回の必要を説いた。そこで鈴木男も十分諒解され、自分が拝命するのならば、自分の使命は全くそれ以外には何もないという意味の話あり……」

ここらに木戸内府の自信の論拠があったのであろう。危惧する私に、絶対大丈夫とニコニコされた。

深夜にもかかわらず、鈴木大将を御前に召すべく準備がなされた。十時を過ぎていたであろう。三日前の四月二日にB29五十機が来襲したっきり、三日、四日、五日と不思議な平穏さが東京に続いていたが、大内山の夜は漆黒に包まれ、鈴木大将を召された御学問所は暗幕で光をさえぎっていた。

私は規定どおり陛下のお側に侍立していると、鈴木氏が御前にでてきた。それは「鞠躬如《きっきゅうじょ》」という古い漢語がぴったりするような、礼儀正しい態度であった。七十八歳とはいえ壮健な方であったが、丸い背を一そう丸くして、深く叩頭して陛下の前に立つ姿は、老臣という表現そのままである。思えば鈴木氏は侍従長として長い間、陛下の側近に侍した人である。その毅然《きぜん》とした風格を、陛下も殊のほか好まれていたのだった。

陛下のお声にも、心なしか親しさがこもって感じられる。

「卿に内閣の組織を命ずる」

瞬時、沈黙が流れた。暗幕にさえぎられた灯火はほの暗い。窓の外には大内山の森閑とした空気の流れが感じられた。陛下と鈴木枢密院議長と侍従長である私、御学問所には三人だけが立っていた。

私は陛下の次のお言葉を待っていた。組閣の大命降下の場合、組閣を命ずるというお言葉のあとに、「組閣の上は憲法の条規を遵守するよう、また外交のことは慎重に考慮し、無理押しをせぬよう、国内の経済についても大変動を起さぬよう、急激な財政政策をとらぬこと……」と続けられるのが慣例である。宮内省の記録文書によって、大命降下の際の慣例は、私もよく知っていた。

ところが、鈴木氏を前にして、陛下はこの慣例をお破りになったのである。沈黙なさったまま何もおっしゃらぬ。

《これは無条件だな。無条件で鈴木さんに組閣を命ぜられるのだ》

私はふっと、そのように思った。この時、鈴木氏が深く一礼して、陛下に申上げた。それは次のような要旨のものである。

「聖旨のほど、畏れ多く承りました。唯このことは、何とぞ拝辞の御許しを御願いいたしたく存じます。

本日午後の重臣会議にても、しきりにこのことを承りましたが、固辞いたした処でございます。鈴木は一介の武弁、従来、政界に何の交渉もなく、また何の政見をも持ち合せませぬ。

『軍人は政治に干与せざるべし』との明治陛下の御聖諭を、そのままに奉じて参りました。いま陛下の聖旨に背《そむ》き奉ることの畏れ多きは、深く自覚致しまするが、何とぞ、この一事は拝辞のお許しを願い奉ります」

声は低かったが、所信を述べる鈴木氏の態度は毅然としていた。言葉がとぎれると深淵のような静けさが御学問所を包んだ。私は思った。

《やはり思ったとおりだ。鈴木大将は拝辞された。木戸内府は大丈夫だと自信をもっておられたが、拝辞と知られたら落胆されるだろう。別室でお待ちだろうが、早く知らせてあげたい》

鈴木氏が拝辞の言葉を奏上している間、陛下はまともに鈴木氏をみつめておられたが、終るとニコリと微笑されたようだった。

「鈴木の心境は、よく分る。しかし、この重大な時にあたって、もう他に人はいない」

陛下は、ここで一度言葉を切られた。鈴木氏も面をあげて陛下を見上げる。

「頼むから、どうか、まげて承知してもらいたい」

陛下のお言葉は、まことに異例であった。陛下は鈴木氏に頼むとまで口にされたのだ。大命降下——後継内閣の組閣を、陛下がお命じになるのが、憲法の示すところなのに、陛下は「たのむ」と言われた。

陛下の御信任は並大抵ではないのだ。鈴木氏こそ、陛下の持ち駒として唯一の人であった。この御心を拝しては、辞退の言葉を続けられなかったのであろう。

「篤《とく》と考えさせて戴きます」

鈴木氏は深く一礼すると、御前を退いた。いま陛下が心の奥深く決意をなさっているる戦争終結のことも、恐らく衆望を集めている鈴木氏ならば、陛下の御心どおりに事が運ぶであろう。鈴木氏以外には、すでに人はない。戦争終結のために、敢えて鈴木首班に期待する——拝察するに、陛下の御心中は、ここにあったのであろう。

鈴木大将については、種々と思い出すことも多かった。第一に非常な読書家で、漢籍、洋書を問わず縦横に読破され、殊に歴史についての造詣が深かった。その一例が、少将の時練習艦隊に乗組んで世界一周の途次、たまたま南米ペルーに寄港した。乗組の候補生を集めて、「諸君にインカ帝国の歴史を説明しよう」と、十二世紀から十六世紀にわたってアンデスの高原に栄えたインカの文明を滔々と語り出した。当時インカの文明がまだ十分に研究し尽されない時のことである。並いる候補生の中には、後に連合艦隊司令長官として重きをなした小沢治三郎《おざわじさぶろう》中将や草鹿任一《くさかじんいち》中将がおり、指導官としてこの戦争に散った山本五十六《やまもといそろく》元帥もいた。彼らもひとしく、鈴木大将の人格に傾倒した人達である。

また愛酒家としても高名だった。私が横須賀予備艦隊の副官だった頃、鈴木大佐（当時）は筑波の艦長であったが、艦内に起居されていて、我々の酒によく割り込んでこられた。タヌキのとっくりに酒をみたして、清河《きよかわ》［純一《じゅんいち》］先任参謀を相手に談論風発、まことに壮快な酒であった。

右手の親指を力強く清川参謀の眼の前につきつけて念を押される姿を、私たちは畏敬の眼でみたものだった。酔って興至れば、ステッキをもって剣舞を演じても見せた。性公平にして無私、軍人としては勇猛果敢、日清戦争では大尉として水雷艇の艇長を務め、威海衛に突入して偉功があった。

いま八十に近い老翁としての鈴木大将になお、若年の覇気を感じとったのは、私がこの人の後輩であったからかも知れない。

日清・日露両戦役にその第一線で活躍した大将は、近代海戦における大艦巨砲主義の弊に早くから気づいていた先覚の一人であった。と同時に近代戦争のもたらす苛酷な惨状を、もっとも強く認識して平和に対する信念を堅持していた。日清・日露の幼稚な戦争と、太平洋戦争が同じ戦争でも如何に損害の激烈なものであるか、もっとも深刻に考えていた軍人の一人であったといってよかろう。

しかも周知のように二・二六事件では陸軍青年将校の襲撃にあって九死に一生を得た体験をもっておられる。侍従長として私が起居した麴町三番町の官邸で、昭和十一年二月二十六日遭難したのである。歩兵第三連隊安藤輝三《あんどうてるぞう》大尉の指揮する歩兵約百五十名は、この朝四時ごろ官邸を包囲、一隊が裏通り通用門、一隊が表門を固め、他の一隊が邸内に乱入して銃剣で警備員を威嚇した後、脇小門から屋内に入って、寝室にいた侍従長を発見するや、直ちに発砲、数発の弾丸を受けた鈴木侍従長は、その場に倒れたのだった。

この時、安藤大尉が「止《とど》め」を刺そうとしたのを、孝子夫人が、「もう、これ以上、むごいことをしないで下さい」と悲痛なうったえをされ、安藤大尉はこれをいれて挙手の礼をしながら引きあげたのであったが、鈴木侍従長は手当の結果、一命をとりとめた。

この時の鈴木夫妻の従容《しょうよう》とした態度は、後に安藤大尉が法廷で敬仰《けいぎょう》の言葉を惜しまなかったところである。死生命あり論ずるに足らず、という軍人らしい豪毅な性格の反面、生命の尊さを自己の体験からも深く知る人であったわけだ。太平洋戦争のもつ無謀な性格を早くから指摘しつつ、和平についても小磯・米内内閣の施策に期待しておられたのだが、大命降下によって自ら難局を負うことになった。

四月七日午後八時十五分、鈴木大将は再び御前に出て、大命を拝受する旨を言上、陛下もようやく御安心なさった様子であった。組閣は順調に進んで、午後九時三十分から親任式が行われた。

内閣総理大臣 兼外務大臣 兼大東亜大臣	鈴木貫太郎	七八	枢密院議長、海軍大将
内務大臣	安《あ》倍《べ》源《げん》基《き》	五二	警視総監
大蔵大臣	広《ひろ》瀬《せ》豊《とよ》作《さく》	五五	前大蔵次官［厳密には元大蔵次官］
陸軍大臣	阿南惟幾	五九	航空総監
海軍大臣(留任)	米内光政	六六	元総理大臣
司法大臣(留任)	松《まつ》阪《ざか》広《ひろ》政《まさ》	六二	前検事総長

文部大臣	太田《おおた》耕造《こうぞう》	五七	前書記官長
厚生大臣	岡田《おかだ》忠彦《ただひこ》	六八	衆議院議長
農商務大臣	石黒《いしぐろ》忠篤《ただあつ》	六二	元農林大臣
軍需大臣兼運輸通信大臣	豊田《とよだ》貞次郎《ていじろう》	六一	元商工、外務大臣
国務大臣	桜井《さくらい》兵五郎《ひょうごろう》	六六	衆議院議員
国務大臣	左近司《さこんじ》政三《せいぞう》	六七	元商工大臣
国務大臣兼情報局総裁	下村《しもむら》宏《ひろし》	七一	日本放送協会会長
内閣書記官長	迫水《さこみず》久常《ひさつね》	四四	大蔵省銀行保険局長
法制局長官	村瀬《むらせ》直養《なおかい》	五六	貴族院議員

後に運輸通信大臣に満鉄総裁の小日山直登《こひやまなおと》氏、外務大臣に東郷茂徳《とうごうしげのり》元外相が親任され、また安井《やすい》藤治《とうじ》陸軍中将が国務相に補せられた、これが終戦内閣の閣員である。

私の海軍兵学校のクラスメート米内大将は、海相として留任し、海軍大学校における級友左近司中将が国務相として、鈴木首相を助け、また豊田軍需大臣は海軍兵学校の四期下だが、つとにその俊秀さは有名で、私とも交友深い仲であった。また阿南陸相は佐官当時に陛下のもとに侍従武官として奉仕し、陛下もその直情を愛しておられた。陛下の並々ならぬ鈴木首相への御信任とともに、閣員にもまた多くの信任あつき方々が列せられた。

しかし鈴木内閣の前途は必しも平坦ではなかった。陛下の御心が和平の実現にあることを知る鈴木首相としても、その施策には苦心が多かった。戦局は最早かくすべくもない敗色におおわれていたが、軍部の抗戦、本土決戦意識はなお強硬であったからだ。

鈴木内閣成立のこの日、沖縄の急を救うべく九州南方を沖縄本土に向けて強硬南進していた伊藤整一《いとうせいいち》海軍中将指揮の戦艦大和は、米高速空母機動部隊の集中攻撃を受けて、北緯三〇度四〇分、東経一二八度三分の東支那海に沈んだ。日本海軍が最後まで保持した世界最大の戦艦の最期であった。軽巡矢矧《やはぎ》、駆逐艦浜風、磯風、霞もまたこの戦艦大和の最期に殉じた。

大きな悲報であり、宮中にも歎息が聞かれた。

四月十四日に内閣は「戦局の想定とこれが対策」を閣議にはかっているが、その内容は次のようなものだった。

一、朝鮮海峡の交通は遮断せられ、大陸と交通は絶え、本土は孤立となること。
二、空襲により国内の交通は絶えず障害をうけ、交通の機能が二分の一以下となること。
三、戦禍の増大に加うるに反軍厭戦の宣伝等のため士気低下すること。
四、敵兵の来攻により本土の一部が戦場となること。

本土分断に対処して地方総監［府］制をとり、男女総動員の義勇隊を編成することになった。昭和二十年の初夏が訪れ、宮中の生活も、国民と同じように物資は欠乏、さらにひどく暑い夏であった。

五月八日、ついにドイツが無条件降伏、いよいよ枢軸国側で残るは日本のみになった。元来、日本軍部の一部が、強引に米英との戦争に踏み切ったのは、欧州戦線における盟邦ドイツの勝利を予想していたからに他ならない。

昭和十六年夏、ドーヴァー海峡を渡って英国に侵攻することをあきらめたヒトラーが、兵をかえしてバルカン半島に進み、ついで独ソ不可侵条約をふみにじってソ連本土に侵入したのに力を得て、日米開戦を決定、太平洋での厖大な消耗戦に突入したのであった。それが無惨にも事敗れて西のドイツは降伏、東の日本も崩壊寸前に追いこまれた。

和平か抗戦継続か、政界の空気も乱れて何れとも決しかねていた。この間の事情を情報局総裁であった下村宏氏は次のとおり述懐している。

「五月末になっても、米内海相の和平促進と阿南陸相の抗戦持続論が対立して、解決をみなかった。議会も言論界も鉛の如く、戦局日に非を告げても皆口を閉じて語らず、閣僚もうっかり口外すれば、閣僚一身だけでなく、軍部は米内海相の失脚、さらに鈴木内閣の打倒を狙っている。ただ阿南陸相が何とか必勝をと念じながらも、戦局の収拾は鈴木内閣によるという一念を堅持しているため、その日、その日を送っていた。クーデターの風説が低迷しつつある時閣議の席でも、みな口をつぐんでいる外はなかった」

政界の空気は沈滞し、表面に掲げた政策はともあれ、実質は戦争終結がその任務だとみられていた鈴木内閣も、このように足踏みしていた。

鈴木内閣の内部事情をいま少し詳細に述べると、首相、陸、海相、左近司、桜井、下村三国務相で六相懇談会がもたれていた。左近司国務相は米内海相、桜井国務相は阿南陸相とそれぞれ親友の仲で政策的にも、その中核となって働いていた。この六相間で意見を調整して和平に進むのが鈴木首相の構想でもあったのだが、陸相はいま一度敵を近海に引きつけて決戦せよと主張、海相は即時講和を主張した。すると陸相は、それならばなおのこと一度勝ってからと主張、それに対して海相は決戦の余力はないと主張、議論はいつ果てるともない堂々巡りをくりかえしていた。

陸相としては陸軍中堅層を制御することの難しさが念頭にあって、早期講和に同調できなかったらしい。結局は話合いはつかずお互の真意が和平にあることは確認しつつも、その具体的な手段には触れない、奇妙な均衡のままであった。

挫折した近衛特使

一方においては和平交渉に対する打診が、継続して行われていた。小磯内閣末期には緒方国務相によって推進されていた繆斌工作があったが、軍部の反対で立ち消え、これは内閣退陣に拍車をかけることになった。また中国では岡村寧次《おかむらやすじ》司令官を通じて、重慶の蔣介石政府と工作を続けていたが、これも進展は困難であった。

陛下が先に重臣を召されて意見を聞かれた際、話題の中心になったソ連への呼びかけはどうなっていたであろうか。陛下は対ソ工作に深い御関心がある、と私は拝察していたので、この動きには注目していた。

五月十一日、十二日および十四日にわたる最高戦争指導会議では、ソ連について次の三点を決定している。

一、ソ連の対日中立政策の維持と強化に全力を傾注すること。

二、日ソ関係を現状から、さらに前進せしめて長期友好関係の確立を図ること。
三、ソ連政府の仲介斡旋による対米英和平工作を進めること。

和平のためにソ連に対して相当の対価を提供せねばならぬとの腹案も出来た。この線にそって駐ソ大使の経験をもつ元首相の広田弘毅氏が駐日大使マリクを箱根の強羅に訪ね交渉を始めたのだったが、マリクの態度は老巧で、話しあいは少しも進展しないまま六月が過ぎて行った。

鈴木内閣が成立してから二月余が、ほとんど無為に過ぎようとしていた。沖縄の戦局はいよいよ決定的で、五月二十九日には米軍は那覇市内に突入、六月十一日に至ってついに沖縄守備の牛島《うしじま》［満《みつる》］中将から最後の通信が打電され、沖縄における組織的な抵抗が終ったことを示した。

陛下は戦火に包まれた沖縄の人々を、何とかして助けたいと、何度か軍の救援をうながされたのだったが、制海、制空権とも既に失われた現在、何ともほどこす術もなかった。陛下は、いよいよ最後の決意をなさったかに拝察する。それが六月二十二日の最高戦争指導会議で、この席で、陛下は次のとおり発言された。

「戦争指導については、先の御前会議で決定しているが、他面、戦争の終結についても、この際従来の観念にとらわるることなく、速に具体的研究をとげ、これを実現するよう努力せよ」

陛下が公式に和平の御意見を初めて明らかにされたのである。われわれならば、大決意、大覚悟といった表情にでる所なのに、陛下の御様子は常と少しも違いなかった。

この陛下の御発言で、対ソ工作は一段と具体的になった。広田氏はマリク大使に、次のような譲歩案を示している。

一、漁業権の割譲
二、その代償としての石油の対日輸出
三、日本軍の満州撤兵
四、日ソ友好条約の三十年間延長

これが六月二十九日のことで、マリク大使は、これを本国に伝えることを回答したが、その後は一向に要領を得なかった。

その間にも本土の空襲はひっきりなしに続けられていた。最早半身不随に陥った東京は彼らの狙うところとならず、地方都市が次々と餌食にされて行った。

六月十五日　B29三百機大阪大空襲
六月十八日　鹿児島、大牟田、浜松、四日市に来襲
六月二十日　静岡、福岡に来襲
六月二十二日　呉軍港大空襲
六月二十三日　茨城方面に来襲
六月二十九日　門司、岡山、佐世保に来襲
七月三日　南九州各地に来襲

このまま空襲がつづけられて行けば、日本列島は丸裸になってしまう。居ても立ってもいられぬ焦燥感で、重苦しい空気が、宮城全体によどんでいた。七月三日、何かの奏上で御前へ出て引退ろうとすると、

「侍従長」

と陛下に呼びとめられた。

それは、その後対ソ交渉はどうなっているか、という御下問であった。陛下は言葉をつづけられて、木戸にその後の様子を聞くように、という御意向であった。早速その旨を木戸内府に告げると、それは、鈴木首相にお上から督促して頂くことがよかろう、ということであった。

七月七日、平時ならば七夕祭りで賑う日であったが、米軍の空襲下では、それもかなわなかった。この日、陛下は鈴木首相を特に御文庫に召された。

「対ソ交渉は、その後どうなっているか。ソ連の腹を探るといっても、時機を失しては致し方ない。この際は、むしろ卒直にソ連に和平の仲介を頼むことにしてはどうか。そのために私の親書をもつ特使を派遣してはどうだろう」

かねての陛下の腹案である。二月末から心中に練りに練り、しかも周囲の遅疑逡巡する有様に、本当にしびれをきらされていたのである。すでに先日、木戸内府から陛下の意向が首相に伝えられていたので、東郷外相が、近衛公の意向を打診すべく、軽井沢に公を訪ねていたのである。

首相は恐縮して、その旨を奏上、重ねて、広田・マリク会談の進行状況をご説明申上げ、さらに佐藤大使を通じてソ連首脳部の意向を聞く旨を答えて御前を退いた。

七月十一日に佐藤大使は、政府の訓令にもとづいて、モロトフ外相に連絡をとったが、折からスターリン、モロトフ両氏はポツダム会談に出席するため多忙をきわめていた。モロトフ外相は、マリク大使からの詳細な報告を待って回答するという返事を、佐藤大使に送ったに過ぎなかった。

鈴木首相は九日軽井沢から帰った東郷外相と協議、近衛公を起用することに決めて、十二日朝参内、御文庫に進んで陛下にこの旨を奏上した。

「近衛公を特使としてわずらわしたく存じますが、この点、お上より直接に近衛公に御下命下さいます方が、近衛公にとっても名誉かと存じます」

陛下はほっとした思いで、早速近衛公を呼ぶようにとのお言葉であった。東郷外相の訪問をうけて、この日の朝軽井沢を発って上京した近衛公は、早速陛下のお召しをうけて、午後三時参内した。陛下から直接承るソ連特使の話は近衛公にも意外であったに違いない。先の重臣伺候の際に、近衛公が陛下に申上げたのは、国内赤化の虞れ、共産革命の危機であった。ソ連を通ずる和平工作よりも重慶を仲介とする案、あるいはアメリカとの直接交渉が彼の持論であったから、ソ連行きは面くらわれたであろう。

この近衛公の謁見には誰も侍立しなかった。前にも述べたが、国務大臣以外の者の謁見には、私か武官長かが侍立する慣《ならわ》しであったが、この時は陛下の思召《おぼしめし》で近衛公ただ一人であった。陛下はソ連行きを次のように切り出されたという。

「近衛も一日も早く講和を結んだ方がよい、という意見だね。私もそう思う。それについて、近く近衛にソビエトへ特使として行ってもらうようになるかも知れぬ。そのつもりでいてほしい」

近衛公が、その側近の者に語ったところでは、彼はこの陛下のお言葉に対して、次のように答えている。

「私は第二次近衛内閣の時に、三国同盟を締結いたしました。その際、お上が事がここまで運んだ以上、日本の運命がどうなろうとも自分と苦楽を共にしようと仰せられたことを、覚えております。その後苦楽の楽はともかく、苦は共にしておりませぬ。この際御命令を受けて、身命を賭してやります。ソビエトへ行けと仰せられれば直ちに参ります」

謁見は二十分足らずで終ったと記憶する。近衛公のソ連行きの話は、いつか宮中でも噂話のように拡がっていた。

七月十六日、モスクワのロゾフスキー外相代理から、佐藤大使を通じて、

「日本側の申入れは、具体的提議を含んでいない。また近衛特使の使命が、いずれにあるか明らかでないから、何ら確固たる回答をなすことは不可能である」

と広田・マリク会談と近衛特使派遣問題を一しょに回答してきた。そこで鈴木首相は、急いで訓電を打ち直させた。

「近衛特使の使命は、天皇の御心を体し、無条件降伏以外の講和条件を得んために、ソ連政府の斡旋《あっせん》を求める目的をもって派遣されるものであり、近衛公爵は右に対する具体的意図を開陳せんとするものである」

この訓電は、なぜか非常に遅れ、佐藤大使がロゾフスキー外相代理に手交したのは、七月二十五日であった。霞山会館を事務所に、ソ連行きの準備に忙しかった近衛公にも、前途の悲観的な見通しが重くのしかかっていた。

「こんどは、近衛も一生懸命のようだ」

陛下は近衛公の印象を、こう側近にもらされていたのだが、近衛特使派遣の交渉は一向に進展しないままに、暑い七月が空襲のうちに過ぎようとしていた。

聖断下る

十七貫［約六十四キログラム］もあられた陛下の体重が、十五貫を割ってしまった。侍医も私たちも御病気ではないかと心配したが、そうではない。激務と御心労、それに食事の粗末さからくるもので、大膳職の苦心にもかかわらず陛下の食膳は日ましに乏しくなっていった。

「食膳に鯖魚を供す」という語が日本外史にあったと思う。下魚である鯖を天皇にさし上げるほど困ったという意味であろうが、陛下の食膳には鯖はおろか、スケソウダラ、ニシン、サンマ、イワシの類まで上った。タイ、エビ、ヒラメなどの高い魚は、経費にしばられて購入できなかったのである。

平常にはおすべりといって、陛下の食膳と同じ食事を何人分か作って、それを侍従が戴く慣例になっていたが、大膳職では物資不足の折から、おすべり分は出来ないと申出があったほどである。

宮内省食堂も、その頃は米がなく、ウドン、雑炊、海藻類ばかりで、箸をたてても箸が倒れて浮くような雑炊ですませる日々であった。ヤミは一切出来なかった。

おすべりも廃止され、宮内省食堂もこの有様では侍従たちも、陛下の食事に御陪席して君臣語り合うという永年の美風は失われてしまった。そこで、侍従たちで案出したのが、各自自宅から弁当包みをこしらえて持ちよることであった。配給米を倹約して、弁当を作ろうというわれわれの語らいをお耳にはさまれた陛下は、

「皆に食糧の心配をさせて、気の毒だな。しかし、弁当の会食はよい考えだ」

と賛成なさった。

上下ひとしく、暗い食糧事情に堪えての毎日がつづいて行く。その中で日毎に体力を消耗して行く陛下。しかも、和平工作は遅々として進展せず、七月に入って戦局はいよいよ最後の段階に入ったことが、国民の眼にすら明らかとなった。

七月五日マッカーサー元帥は、「比島の解放は完全に終った」と比島における日本軍の抵抗が終ったことを宣言したのに始まり、日本本土への爆撃は日を逐うてはげしく、全国中小都市までがしらみつぶしに狙われ、ついに米艦艇の直接砲撃まで始められた。十日に関東平野を襲った同じ機動部隊が十四日には本州北部と北海道を空襲、

戦艦、巡洋艦が釜石市を砲撃したが、これは日本本土に対する初の艦砲射撃であった。

十七日には、東京の空に英国のマークをつけた飛行機が飛来したが、これはローリングス中将の率いる英国空母が、ハルゼー大将の米第三艦隊の指揮下に入って行動していたのである。十八日も空襲は続行されたが、この頃日本軍は南九州基地から連日にわたって、特攻機が飛び、また人間魚雷回天の特別攻撃で米軍の攻撃に応戦したのであったが、既に戦局の帰趨は明らかであった。武器なき国民が、竹槍をかまえて敵を邀《むか》え撃とうという滑稽な姿も、われわれの胸をつまらせた。

二十四日にはハルゼー艦隊は瀬戸内海方面を猛攻、呉、大阪、名古屋を空襲すると共に、碇泊していた日本海軍の残存戦艦日向《ひゅうが》、伊勢《いせ》、榛名《はるな》、空母海鷹《かいよう》に損害を与えた。日向、榛名は擱坐浸水《かくざしんすい》、重巡青葉《あおば》は大破、しかも二十八日も攻撃が続き、空母天城《あまぎ》は転覆、重巡利根《とね》は大破、旧式巡出雲《いずも》も転覆、瀬戸内海に集結していた残存日本海軍の艦艇は、目星《めぼ》しいもののすべてを失ってしまった。連合艦隊司令部はついに陸にあがり、東京の近郊、日吉台《ひよしだい》［横浜市］が今や艦船なき艦隊司令部であった。

このような国内情勢のうちで、七月二十六日、ポツダム宣言が発せられたのである。ポツダムに集まったのはトルーマン、チャーチル、スターリン三者であったが、ポツダム宣言には米、英、中国が署名していた。ソ連は、まだ法的には中立であったからだ。宣言は次のように、日本に戦争終結の機会を与えることを述べていた。

「吾等合衆国大統領、中華民国政府主席およびグレート・ブリテン国総理大臣は、吾等の数億の国民を代表して、協議のうえ日本国に対し、今次の戦争を終結するの機会を与うることに意見一致せり。吾等の巨大なる陸、海、空軍は西方より自国の陸軍および空軍による数倍の増強を受け、日本国土に対し最後的打撃を加うるの態勢を整えたり。右軍事力は日本国が抵抗を終止するに至るまで同国に対し、戦争遂行するの一切の連合国の決意により支持せられ、且つ鼓舞せられ居るものなり。

蹶起せる世界の自由なる人民に対するドイツ国の無益かつ無意義なる抵抗の結果は、日本国民に対する先例を極めて明白に示すものなり。現在日本国に対し集結しつつある力は、抵抗するナチスに対し適用せられたる場合に於て、全ドイツ国人民の土地、産業および生活用式を必然的に荒廃に帰せしめたる力に比し、測り知れざる程さらに強大なるものなり。吾等の軍事力の最高度の使用は、日本国軍隊の不可避かつ完全なる壊滅を意味すべく、また同様必然的に日本国土の完全なる破壊を意味すべし。

無分別なる打算により日本帝国を滅亡の淵に陥れたる我儘なる軍国主義的助言者に依り、日本国が引続き統御せらるべきか、又は理性の経路を日本国が履むべきかを、日本国が決定すべき時期は到来せり。

吾等の条件は左の如し。

吾等は右の条件より離脱することなかるべし。これに代る条件存在せず。

吾等は遅延を認むるを得ず」


こう述べたあとで次の条件を続けていたが、全体の調子は日本国政府への降伏呼びかけというより軍部に対する宣言といった調子であった。これが後に日本の講和決断に微妙な影響を与えたのである。

①日本国民を欺き、世界征服の挙に出でしめた権威と勢力の永久の抹殺。
②新秩序が確立され、日本の戦争力破砕さるるまでの領土の占領。
③カイロ宣言の条項を実施し、日本の主権を本州、北海道、九州、四国その他吾等

の決定する諸小島への限定。
④軍事力の完全な武装解除後は平和的生産的生活を行う機会を付与する。
⑤日本国民の奴隷化、または国民としての破壊を意図せず。俘虜虐待等戦争犯罪人への厳格な処断、民主主義傾向の復活強化に対する障害の除去、基本的人権の尊重、言論、宗教、思想の自由確立。
⑥経済支持かつ現物賠償を可能ならしむる産業の維持を容認する。

ポツダム宣言は、このように降伏の条件を列記したうえで、無条件降伏を要求して結んでいる。

「前記諸目的が達成せられ、かつ日本国国民の自由に表明せる意思に従い、平和的傾向を有し、かつ責任ある政府が樹立せらるるに於ては、連合国の占領軍は直ちに日本国より撤収せらるべし。
吾等は日本国政府から、直ちに全日本国軍隊の無条件降伏を宣言し、かつ右行動に於ける同政府の誠意につき適当かつ十分なる保障を提供せんことを同政府に対し要求す。右以外の日本国の選択は迅速かつ完全なる壊滅あるのみとす」

ポツダム宣言の訳文は、政府から木戸内府を経て、陛下のお手元にも届けられた。ソ連のスターリン首相が会談に参加していながら宣言に署名していないこと、また国体とか天皇の地位についてふれていないこと等の疑点を内府から陛下にも御説明申上げたが、陛下としては、すでに宣言受諾以外に和平の機会はないと御決心なさっていたのではないかと思う。侍従たちにも命じて、宣言の本文と訳文を詳細に点検なさったりした。

鈴木首相の立場は一層苦しかったようだ。同日の閣議で東郷外相は、目下外交的手段を講じている最中でもあり、政府としては何等意思表示をしないことを強調したが、軍部では士気に影響するとして、厳しくポツダム宣言に反撃することを要求、この間に立って首相は苦慮されていた。

結局、政府の態度は「黙殺」と決まったが、この「黙殺」という表現の裏には、和平交渉の含みが残されていたにもかかわらず、連合国側ではこれを文字どおりに解釈したらしい。加えて新聞に発表された首相談話が、「ポツダム宣言に関しては、これを黙殺する」と言った後に、「あくまで戦争遂行に邁進する」とあった。これでは宣言受諾の意向なしと認定されたのは無理もない。

すでに和平についで堅い決意をいだいているはずの鈴木首相の談話としては、まことに理解に苦しむ強硬な表現だが、軍の意向に押されてやむを得なかったのかも知れぬ。もっとも、この当時の内閣発表には、何につけても戦意昂揚の文句が付加されるのが例であったから、あるいは情報局で不用意にこれを付記したものかも分らぬ。その真相は不明であるが、およそ首相の真意とは程遠い談話であった。

真意は「政府としての意思表示はやらぬ」という点にあった。これが「黙殺」と表現され、しかも戦意昂揚を国民に呼びかける一句まで伴って発表されては、ポツダム宣言を拒否したと解釈されても致し方ない。今にして思えば、いささか不注意な表現であったと思うが、この「黙殺」の報が連合国に伝えられるに及んで、報復的に日本に痛恨限りない悲劇を呼んだのであった。

八月六日午前八時ごろ、歴史的な原子爆弾第一号が広島市に投下された。内閣から宮中への報告では、広島市の被害は甚大であるという第一報から、数時間経ても適確な報告はなかった。そのうちに広島市に侵入した米機は三機だけで、しかもその中の一機がわずか一発の爆弾を投じただけであることが報らされてきた。その一発の爆弾で広島全市が壊滅状態にある！

《これは大変なことになった。どのような爆弾であろうか》

私は三月、五月の東京大空襲を思い出した。百機をこす大編隊が繰り返し繰り返し東京の空を覆い、焼夷弾を投下した夜間空襲に比較して、広島にはB29一機が一発の爆弾を投下しただけである。想像も及ばぬ強烈な爆弾であることは、私にも理解出来た。

陛下には蓮沼侍従武官長から奏上したが、第二総軍に勤務しておられた李鍝《りぐう》公殿下も、この爆弾で戦死されていたので、この報告も合せて行われた。新型爆弾について、特別な御たずねはなかった様子だったが、広島市全滅の報に、陛下は深い憂愁の色をうかべておられた。

翌七日朝、私はとりわけ早く御文庫へと急いだ。それは米側のラジオ放送がトルーマン大統領の声明として、「六日、広島に投下した爆弾は、戦争に革命的な変化を与えるものだ。これは原子爆弾である。日本が降伏に応じないかぎり、更に他の都市にも投下する」と伝えていることを、外務省筋から知らされていたからであった。

陛下は広島市の状況を詳細に報告するよう政府と陸軍に御下命になったが、なかなか報告はされない。しかも、この米側の放送についても陸軍では謀略とする空気が強かったらしく、「原子爆弾」でなく「新型爆弾」という言葉を使って被害を小さく見せようとしていた。七日は詳細不明のままに暮れた。

八日朝、東郷外相が決意の色を浮かべて参内してきた。そして御文庫地下壕の御座所に進んだ外相は、原子爆弾に関する米英の放送を詳細に言上すると、陛下は原子爆弾の惨害をよく知っておられ、次のように、一刻も速かに和平を実現することが先決問題である点を外相にお示しになった。

「このような新武器が使われるようになっては、もうこれ以上、戦争を続けることは出来ない。不可能である。有利な条件を得ようとして時期を逸してはならぬ。なるべく速かに戦争を終結するよう努力せよ。このことを木戸内大臣、鈴木首相にも伝えよ」

東郷外相は御前を下がって、内府、総理にこれを連絡、至急最高戦争指導会議が開かれることになって、準備が進められたが、同日中に間に合わず翌九日朝から開かれることになった。

しかし、翌九日には日本にとって更に悪いニュースが待っていた。その一つは、ソ連軍がソ満国境を越えて満州に雪崩れこみ、その前日、即ち八日午後五時（日本時間八日午後十一時）、モロトフ外相から佐藤大使に対して対日宣戦布告文が手交されたのである。

陛下も、すでに万事休すと御決心なさったに違いない。しかも、ソ連の布告文は、先のポツダム宣言を日本が「黙殺」したことを、参戦の理由にかかげているのであった。

「無条件降伏に関する本年七月二十六日の要求は、日本により拒否せられたり。よって極東戦争に関する日本政府のソ連に対する調停方の斡旋は、全くその基礎を失いたり。日本の降伏拒否にかんがみ、連合国はソ連政府に対し、同政府が日本の侵略に対する戦争に参加し、以て戦争の終了を促進し、犠牲者の数を減少し、かつ急速に一般的和平の恢復に資すべく提案せり。ソ連政府はその連合国に対する義務に従い、連合国の右提案を受諾し、本年七月二十六日の連合国宣言に参加せり（後略）」

原子爆弾とソ連参戦、日本の運命は行きつくところまで来てしまった。さらに二十年初頭から半歳余、陛下が御苦心なさった和平へのきっかけも、対ソ連工作も一切が水泡に帰することになった。特に六月二十二日の御前会議以来、積極的に政府を促された対ソ関係の改善も、ソ連の一方的な中立条約無視によって悲劇的な結末をとげた。ソ連はヤルタ会談の際に九十日以内に対日戦に参戦することを約束し、飛行機千三百、戦車千二百が国境に集結を終っていたのを、日本側は甘く判断していたのだった。

第二は原子爆弾第二号の投下である。

九日［の東京］は晴れて風のない暑い日であったが、午前十一時頃、原子爆弾第二号は長崎に投下され、痛ましい損害の報告は続々と陛下のもとに届けられた。陛下の御心痛は見るも痛ましかった。この日から陛下の周囲には焦慮と狂躁と困惑のいり交った会議が続けられ、御文庫への人々の参内は一段と激しくなった。だが陛下は相変らず静かな態度で山積する問題を処理された。

午前九時五十五分には木戸内府を召されて、ソ連参戦にともなう対策を鈴木首相と相談するよう下命されたが、ポツダム宣言を受諾して戦争を終結に導くことに陛下のお考えは決まっていたようで、木戸日記にもこの間の経緯は明らかに示されている。十時五十五分に再び木戸内府を召されて、その後の推移をお聞きになったが、長崎市への原子爆弾投下はこの時間であった。

一方、鈴木首相は午前十時半から第一回の最高戦争指導会議を皇居地下壕において開いたが、三時間にわたる激論のすえ、意見がまとまらず休憩、引き続いて第一回閣議を午後二時半から三時間、さらに第二回閣議を午後六時半から午後十時まで開いたが、ポツダム宣言を受諾すべきか否か、閣僚の意見もまたまとまらなかった。

最高戦争指導会議は、首相、外相、陸海両相、陸海軍両総長の六人の構成員が二分して意見が分れた。

ポツダム宣言を受諾するにしても、

①天皇の国法上の地位を変更しない諒解をとりつける
②占領軍は本土に上陸しないこと
③我が在外軍は無条件降伏の形式でなく自発的に撤兵する
④戦犯の処罪は日本で行う

以上四点の条件を付する点で、意見は対立した。①の点では一致したが、②以下の条件は、とても米英側で認めまいとして、即時無条件でポツダム宣言を受諾した方がよいと主張する鈴木首相、東郷外相、米内海相に対立して、阿南陸相、梅津《うめづ》［美治《よしじ》郎《ろう》］参謀総長、豊田《とよだ》［副武《そえむ》］軍令部総長は条件がいれられなければ戦争を継続せよと主張して三対三に分れていた。

閣議も陸、海両相の対立した意見をめぐって紛糾していたようだ。下村宏［海南］国務相はこの閣議の模様を、次のように、その著『終戦秘史』に記している。

　席上熱烈なる質問応答なり意見の交換ありしは想像にあまりがある。こゝに代表意見として陸海両相の述べたる要旨を紹介する。阿南陸相は満洲における戦況を述べし後、

　現状では皇室の安泰を口にし、好条件を出しても無条件降伏は忍び得ない。武力解除のあとではイタリヤの先例もあり、その轍《てつ》をふんではならない。もちろん原子爆弾に次ぐソ連の参戦に対し、ソロバンずくでは勝利のメドがない。しかし大和民族の名誉のため戦いつゞけている中にはなんらかのチャンスがある。（中略）死中活を求むる戦法に出ずれば完敗を喫することなく、むしろ戦

局を好転させうる公算もあり得る。

これに対し米内海相は、

今日の戦は国家の総力を基礎とせねばならぬ。陸海軍各〻の戦争ではない。原子爆弾やソ連の問題よりも、現在国内情勢の判断では戦争を継続し得るやを疑う。(中略)物心両面より見て勝味がないと思う。それでは降伏して日本を救い得るか。それとも一か八か戦いつゞけるのがよいか、きわめて冷静に合理的に判断すべきである。面目、面子などに拘つていられない。この際負け惜しみや、希望的観測は止めて実情に即し、堂々主張するものは主張し、談判に入らねばならぬと考える。

こう主張された……。

結局、閣議は午後十時を過ぎてなお決しなかったのである。陛下は陸軍の軍装を召されたまま、指導会議、閣議の成り行きをお待ちになっていた。午後も三時十分、四時三十五分、十時五十分、十一時二十五分と再三にわたり木戸内府を召されて、丹念に会議、閣議の進行、その他重臣の意向などもお聞きになっていた。

夜十一時ごろ鈴木首相が拝謁して陛下に御前会議開催と、平沼枢府議長の出席をお許し願う旨を奏上した。

私たちの緊張と興奮も頂点に達した。

《事態は急迫している。御前会議で論議してみても結論がでるかどうかは分らない。平沼枢相の出席は三対三の対立を三対四にするかも知れぬが、それよりも陛下の聖断を仰ぐことを鈴木首相は決意しているのではなかろうか》

この私の推測は十分に論拠のあるものだった。数日来、陛下の側近に侍してひしひしと感じとったのは、陛下の非常な御決意のほどである。理屈を通りこして、陛下から感じられる覚悟のほどが、私には分っていた。

月が中天にかかっていた。御文庫をかこむ砂利道に会議に出席する人々の靴音が聞かれた。私は蓮沼武官長と陛下の出御の時間などを打合せて侍従長室に退いた。御前会議には武官長が供奉することになっていたからだ。

御文庫地下壕の一室は十五坪もあったろうか。正面に六曲一双の金屏風をめぐらして、その前に御座所を準備しておいた。

御座所の向って右に鈴木、阿南、梅津と並び、左に平沼、米内、東郷、豊田と最高あった。

戦争指導会議の構成員と平沼枢相が席をしめた。会議の開始は午後十一時五十分で
まず東郷外相が事ここに至っての宣言受諾説を述べたのに対し、阿南陸相が本土決戦論を述べて反対、米内海相は外相説に賛成、新しく参列した平沼枢相は四十分近くも陸海両相に質問した後に外相説に賛成した。梅津、豊田両総長は陸相説に賛成して死中に活を求めると論じて、ここで再び三対三の対立となったが、これに鈴木首相がどのような意見をのべるか、居並ぶメンバーが一瞬固唾をのんで待ちうけると、首相は自己の意見を述べず、そして決をとるかわりにつと椅子をはなれて陛下の御前に進み出た。

「議をつくすこと、すでに数時間に及びまするが議決せず、しかも事態は、もはや一刻の遷延をも許しませぬ。まことに異例で畏れ多いことながら、この際は聖断を拝して会議の結論といたしたく存じます」

異例の措置である。部屋の空気は鋼《はがね》のように張りつめている。陛下は首相を席につかせてから、口をひらかれた。

「本土決戦本土決戦ト云ウケレド、一番大事ナ九十九里浜ノ防備モ出来テ居ラズ、又決戦師団ノ武装スラ不充分ニテ、之ガ充実ハ九月中旬以後トナルト云ウ。飛行機ノ増産モ思ウ様ニハ行ッテ居ラナイ。イツモ計画ト実行トハ伴ワナイ。之デドウシテ戦争ニ勝ツコトガ出来ルカ。勿論、忠勇ナル軍隊ノ武装解除ヤ戦争責任者ノ処罰等、其等ノ者ハ忠誠ヲ尽シタ人々デ、ソレヲ思ウト実ニ忍ビ難イモノガアル。而シ今日ハ忍ビ難キヲ忍バネバナラヌ時ト思ウ。明治天皇ノ三国干渉ノ際ノ御心持ヲ偲ビ奉リ、自分ハ涙ヲノンデ原案ニ賛成スル」——木戸日記原文による。

また鈴木首相の側近にあった下村氏や左近司国務相によると、陛下は、「自分一身のことや皇室のことなど心配しなくてもよい」とまでいわれたという。陛下の発言は終り、嗚咽《おえつ》の声がもれた。鈴木首相は静かに立って、

「会議は終りました。ただいまの思召しを拝しまして、会議の結論といたします」

と述べ、玉座に向って全員が一礼した。時に十日午前二時二十分であった。私は地下壕会議室から退出なさった陛下を御文庫にお迎えした。陛下は直ちに木戸内府を召されて、この御前会議の模様をお伝えになったが、これを木戸内府がその日記に記述

しているのである。

ついに戦争終結の聖断は下された。しかも聖断という形においてである。陛下がこの年以来考えに考えた末下された決断である。陛下も心なしかほっとした表情をみせられた。陛下の御心痛は一通りのものでなかった。このお言葉をのべられるまで、どれほどもどかしく、胸を焦《や》かれていたことであろうか。だが、戦争終結という陛下の御希望が、御自らの裁断で訪れるのだ。

私は夜もほのぼのと白むころになって、宮城内の官舎に下がった。三番町の官舎は五月の空襲で全焼、家財も長い海軍生活を記念する数々の品も、すべて烏有に帰す悲運にあって、それ以後は宮内省関係の小官舎に住んでいた。床によこたわると、全身にぬけるような疲労感がどっと襲って来た。だが、急転した国の運命を思うと、わが身の存在など意識しておれなかった。

この頃、鈴木首相は官邸にひきかえし、第三回の閣議を開いて、ポツダム宣言受諾の案を決定していた。前日の午前十時から相次ぐ会議、閣議の連続は、十日午前四時まで、のべ十八時間目にようやく終りを告げた。

「七月二十六日付三国共同宣言ニアゲラレタル条件中ニハ天皇ノ国家統治ノ大権ヲ変更スル要求ヲ包含シ居ラザルコトノ諒解ノ下ニ日本政府ハ共同宣言ヲ受諾ス」

政府は宣言受諾を各国に通告、その回答を待った。十日早朝三時ごろにお休みになった陛下は、ほとんどお眠りにならなかったとみえて、九時過ぎには御文庫付属室に出御になり、九時五十分には木戸内府を召されて、宣言受諾後の善後措置について御下問になっている。しかも朝来ハルゼー麾下《きか》の米機動部隊は、本州北部、東京等を空襲していた。私も早朝から出仕して、昨日来の多忙でたまっていた事務処理に忙殺されていた。

再び聖断を仰ぐ

八月十二日、連合国側の回答があった。

「一、ポツダム宣言ノ条項ハ、コレヲ受諾スルモ、右宣言ハ天皇ノ国家統治ノ大権ヲ変更スルノ要求ヲ包含シ居ラザルコトノ了解ヲ併セ述ベタル日本政府ノ通報ニ接シ、吾等ノ立場ハ左ノ通リナリ。

二、降伏ノ時ヨリ天皇及ビ日本政府ノ国家統治ノ権限ハ、降伏条項ノ実施ノタメ、ソノ必要ト認ムル措置ヲ執ル連合軍最高司令官ノ制限ノ下ニ置カルルモノトス。

三、天皇ハ日本国政府及ビ日本帝国大本営ニ対シ、ポツダム宣言ノ諸条項ヲ実施スルタメ必要ナル降伏条項署名ノ権限ヲ与エ、且コレヲ保障スルコトヲ要請セラル。マタ天皇ハ一切ノ日本国陸、海、空軍官憲及ビイズレノ地域ニ在ルヲ問ワズ右官憲ノ指揮下ニ在ル一切ノ軍隊ニ対シ、戦闘行為ヲ終止シ、武器ヲ引渡シ及ビ降伏条項実施ノタメ最高司令官ノ要求スルコトアルベキ命令ヲ発スルコトヲ命ズベキモノトス。
四、日本国政府ハ降伏後直チニ、俘虜及ビ被拘留者ヲ連合国船舶ニ速カニ乗船セシメ得ベキ安全ナル地域ニ移送スベキモノトス。
五、最終的ノ日本政府ノ形態ハ、ポツダム宣言ニシタガイ日本国民ノ自由ニ表明スル意志ニ依リ決定セラルベキモノトス。
六、連合国軍隊ハポツダム宣言ニ掲ゲラレタル諸目的ガ完遂セラルルマデ日本国内ニ留マルベシ」

この回答の第二項と第五項が再び問題になって、平沼枢相らは、これでは国体は護持できぬと木戸内府に強く宣言受諾反対を進言したりした。第二項で「天皇ノ大権ハ最高司令官ノ制限ノ下ニ置カル」といい、また第五項では「日本政府ノ形態ハ国民ノ自由意志ニヨッテ決マル」という二つの条項を結んで考えると、連合国側は国体の変革を考えていると解釈したのであった。

梅津、豊田両総長も参内して、戦局の説明とともに、この点を力説して、陛下に御翻意を願った。翌十三日、米マッケイン中将指揮下の高速空母群を発した艦載機は、東京に来襲したが、焼夷弾のかわりに、低空から宣伝ビラをまき散らして、大内山にも何十枚かが舞い下りた。

ビラには「ポツダム宣言を受諾した日本に対する回答」として、連合軍の意向が日本文で書かれている。

宣言を受諾して日本が降伏することは、未だ国民にも軍隊にも発表されていない。それが米軍機のビラで明らかになれば、国民の動揺は大きなものがあろう。ビラを手にして、私は事態の急を思った。木戸内府のもとに阿南陸相が訪れて、非常に強硬な意見を述べていることを侍従が伝えてきた。

全国の軍隊が宣言受諾をどう受けとるか。一歩を誤れば国内が混乱に陥る。これを防ぐためには、陛下おん親《みずか》ら御示諭《ごしゆ》になる以外にない、これが三人の意見であった。これに従って、私は陛下の御予定、御示諭の文案などを研究することにして別れた。もはや宿直とか勤務割りとかいうものは無視されて、側近の者も総出で詰めていた。木戸内府も自宅に帰られず、内大臣室に宿泊されていた。

八月十四日にも早朝から米軍機は関東平野一帯を飛んではビラをまいている。陛下は早朝から起きでて、御政務室に出御になっていた。午前八時半には木戸内府、同四十分には鈴木首相が御前に出た。この時、陛下は非常に堅い決心をお示しになって、再度の御前会議再開を申し渡されたのだった。

午前十時四十五分開会、閣僚全員に最高戦争指導会議構成員、それに枢相が加わるという前例のないものであった。鈴木首相は開会を宣すると、陛下の御前に進み、連合国側の回答の要点など、前回の会議の後の経過を述べ、次のように結んだ。

「ここに重ねて、聖断をわずらわし奉るのは、罪軽からずと存じまするが、この席において反対の意見ある者より親しくお聞きとりのうえ、重ねて何分の御聖断を仰ぎたく存じます」

梅津、豊田両総長が立って、国体護持論を述べ宣言受諾に反対した。ついで阿南陸相が立って同じ趣旨を述べたが、陸相は陛下にすがりつくように、半ば慟哭《どうこく》し、半ばうったえた。陛下も白い手袋で、何度か涙をふかれた。陸相の意見が終ると、誰も発言する者はない。鈴木首相が進んで陛下の御発言を乞うと、陛下は鈴木首相に着席をおすすめになった。

御文庫地下壕のこの会議室の扉は厚さ十センチもある堅固なもので、次室と仕切られていた。蓮沼武官長が侍立して、私は自室に控え、会議室の次室には当直侍従たちが控え、逐一私たちと連絡をとっていたのだが、この次室にまで御前会議出席者の声が聞えた。

陛下は再び、聖断を下された。もちろん、この時の陛下の御発言はメモをとったものなく、文書としても残されていないが、この御前会議に出席した下村宏国務相が、左近司国務相、太田文相、米内海相らの手記を参照し、鈴木首相にもたしかめて、記述されたものがある。最も陛下の御発言を忠実に写したものとして次にかかげる。

「外に別段意見の発言がなければ私の考えを述べる。

反対論の意見はそれ〴〵よく聞いたが、私の考えはこの前申したことに変りはない。私は世界の現状と国内の事情とを十分検討した結果、これ以上戦争を続けることは無理だと考える。

国体問題についていろ〳〵疑義があるとのことであるが、私はこの回答文の文意を通じて、先方は相当好意を持つているものと解釈する。先方の態度に一抹の不安があるというのも一応もつともだが、私はそう疑いたくない。要は我が国民全体の信念と覚悟の問題であると思うから、この際先方の申入れを受諾してよろしいと考える、どうか皆もそう考えて貰いたい。

さらに陸海軍の将兵にとつて武装の解除なり保障占領というようなことはまことに堪え難いことで、その心持は私にはよくわかる。しかし自分はいかになろうとも、万民の生命を助けたい。この上戦争を続けては結局我が邦がまつたく焦土となり、万民にこれ以上苦悩を嘗めさせることは私としてじつに忍び難い。祖宗の霊にお応えできない。和平の手段によるとしても、素より先方の遣り方に全幅の信頼を措き難いのは当然であるが、日本がまつたく無くなるという結果にくらべて、少しでも種子が残りさえすればさらにまた復興という光明も考えられる。

私は明治大帝が涙をのんで思いきられたる三国干渉当時の御苦衷をしのび、この際耐え難きを耐え、忍び難きを忍び、一致協力将来の回復に立ち直りたいと思う。今日まで戦場に在つて陣歿《じんぼつ》し、或は殉職して非命に斃《たお》れた者、またその遺族を思うときは悲嘆に堪えぬ次第である。また戦傷を負い戦災をこうむり、家業を失いたる者の生活に至りては私の深く心配する所である。この際私としてなすべきことがあれば何でもいとわない。国民に呼びかけることがよければ私はいつでもマイクの前にも立つ。一般国民には今まで何も知らせずにいたのであるから、突然この決定を聞く場合動揺も甚しかろう。陸海軍将兵にはさらに動揺も大きいであろう。この気持をなだめることは相当困難なことであろうが、どうか私の心持をよく理解して陸海軍大臣は共に努力し、よく治まるようにして貰いたい。必要あらば自分が親しく説き諭してもかまわない。この際詔書を出す必要もあろうから、政府はさっそくその起案をしてもらいたい。

以上は私の考えである」

陛下のお話の途中から、出席者の涕泣《ていきゅう》する声は次第に高まった。そして、陛下がわが一身はどうなろうとかまわぬ、国民を戦火から守りたいと言われた頃から、人々は号泣していた。陛下の聖断が下ってからも出席者の慟哭する声は、次室の侍従たちの所まで聞えた。なかでも阿南陸相は、お立ちになる陛下に、とりすがるようにして慟哭した。彼はかつて侍従武官として陛下の下に仕え、その卒直豪快な性格を陛下も好まれていたのである。真情をうったえる阿南陸相に、陛下はやさしく申された。

「阿南、阿南、お前の気持はよくわかっている。しかし、私には国体を護れる確信が

茲ニ忠良ナル爾臣民ニ告ク

朕ハ帝国政府ヲシテ　米英支蘇四国ニ対シ其ノ共同宣言ヲ受諾スル旨通告セシメタリ……」

終戦の大詔渙発《かんぱつ》であった。陛下はあの独得の抑揚で朗読なさる。放送協会の人々も緊張していたようだった。第一回目を終って陛下は「うまくいかなかった。今のは少し低かったようだ」と自ら二回目を朗読なさったが、緊張されていたのか声は高かったが、やはりうまくいかぬ。接続詞が一ヵ所抜けた所が出た。侍立する者も緊張のために汗ばんだ。万感が胸に拡がり涙がわいた。

「……今後帝国ノ受クヘキ苦難ハ固ヨリ尋常ニアラス　爾臣民ノ衷情モ朕善ク之ヲ知ル　然レトモ朕ハ時運ノ趨ク所　堪ヘ難キヲ堪ヘ忍ヒ難キヲ忍ヒ　以テ万世ノ為ニ太平ヲ開カムト欲ス……」

堪え難きを堪えて、万世の為に太平を開く、これこそ陛下が半歳近く御苦悩になり、自ら方策を講じられた終戦の真意であった。陛下としてとらえ得る限りの機会をとらえて推進され、しかも最後は聖断という形で実現された平和の真意も、この一点にあった。

「朕ハ茲ニ国体ヲ護持シ得テ忠良ナル爾臣民ノ赤誠ニ信倚シ　常ニ爾臣民ト共ニ在リ若シ夫レ情ノ激スル所濫ニ事端ヲ滋クシ或ハ同胞排擠互ニ時局ヲ乱リ　為ニ大道ヲ誤リ信義ヲ世界ニ失フカ如キハ朕最モ之ヲ戒ム　宜シク挙国一家子孫相伝ヘ確ク神州ノ不滅ヲ信シ任重クシテ道遠キヲ念ヒ総力ヲ将来ノ建設ニ傾ケ道義ヲ篤クシ志操ヲ鞏クシ誓テ国体ノ精華ヲ発揚シ世界ノ進運ニ後レサラムコトヲ期スヘシ　爾臣民其レ克ク朕カ意ヲ体セヨ」

陛下の朗読は終ったが完璧という出来ではなかったので、放送局関係からはさらに第三回目をとの希望もあったが、石渡宮相も私もこれを止めた。陛下の御疲労、御心痛を考えたからである。

録音盤争奪事件

放送は十五日正午からに延期されていたので、録音盤を侍従職で預ることになり、下村総裁らは退出していった。私も後始末をすませて退り、官舎で例によって着服のまま横になった。およそ二時間ほどもまどろんだろうか。

いきなり官舎の戸を叩くものがある。時が時だけに、何事かとハネ起きると、外はもう夜明けの早い夏の朝のこととて白々と明けそめている。みれば顔をこわばらせた皇宮警士が息をはずませて立っていた。

「大変です。近衛兵の挙動が変です。すぐに御出勤ねがいます」

一息に語る警士の話を聞くと、近衛部隊の一部が宮内省に乱入して、どうも玉音放送の録音盤を探し、下村総裁らの一行は二重橋の詰所に監禁されているということであった。どうやら御文庫のあたりまで兵隊は乱入しているらしい。

「わかった。直ちに出かけます」

私はこう答えた。事態が容易ならぬことはすぐにわかった。この四、五日の終戦をめぐる重大会議の模様が、陸軍の少壮軍人に知れていないはずはない。ひょっとすると徹底抗戦を叫んで、彼等が立ち上るかも知れないと、うすうす予測はしていたし、近衛公が木戸内府に対して、

「軍の内部に不穏な動きがあるようだ」

と話していたことも聞いていた。私は身仕度をすますと宮内省への道を急いだ。くらがりのあちこちに着剣の兵士たちが群がっていたが、平服の私には別段不審をいだく模様もない。そこで私は突嗟に帽子をとって、

「ご苦労さまでございます」

と言った。すると兵士たちは敬礼を返すだけで難なく警戒線を通してくれた。徒歩でただ一人、とぼとぼと歩く私を、宮内省の一老人であるとしかみなかったのであろう。もちろん捕まって侍従長であることを名乗れば、先刻の録音に立ち合った一人として録音盤の行方を追及されるであろうが、私は難なく侍従室にたどりつくことが出来た。しかし、この頃すでに下村総裁一行は坂下門で監禁され、近衛師団の蹶起を拒絶した森赳《もりたけし》師団長は畑中《はたなか》［健二《けんじ》］少佐らの反乱将校に殺されていた。宮内省内部は電

されていた。

話線を切られて外部との連絡を絶たれたうえで、録音盤を探す兵士たちの軍靴で荒らされていた。

録音盤の安全もさることながら、両陛下の御身に万一のことがあってはと私は憂えたが、反乱将兵は御文庫の周囲も、機関銃部隊で包囲して皇宮警士も、侍従たちも一歩も近づけぬ有様だった。ようやくにして徳川《とくがわ》［義寛《よしひろ》］侍従と連絡をとったが、聞けば両陛下はお休みにもならず事態を憂慮なさっていたが、御文庫は別条ないとのこと。反乱軍兵士も宮内省の捜索に重点をおき、陛下のお側の危機は去った。そして問題の玉音録音盤は徳川侍従が侍従職事務室の金庫に保管していた。

「宮内大臣はどこか知らないか」

「内大臣の部屋はどこか」

若い将校が抜刀した下士官、兵をつれて、何度か大声で叫んでいるのが聞かれた。先夜来、宮内省内の一室に泊っておられた木戸内府と石渡宮相は、この時には地下の防空壕の一室に身をかくしていられたらしい。しかもその部屋の扉には徳川侍従の機転で女官寝室との貼り紙がしてあった。

私が到着してからも、まだ玉音盤をあきらめきれぬ将兵たちが、何度か当直侍従を

探してまわった。録音盤の行方を追及された放送協会の人達は、

「録音が終ってから当直らしい侍従に録音盤を渡したが、その方が誰か、名前は知らない。もちろんその場で初めてあった人だから顔も充分に覚えていない」

と、とぼけていたらしい。

「録音に立ちあった侍従の方を知りませんか」

下士官が、宮内省の事務員をつかまえては、このように聞きまわっていたが、

「さあ、もう退勤されたのではありませんか」

皆が要領よくこたえていたが、しびれをきらした彼等が徳川侍従をなぐる一幕もあったが、小軀ながら胆のすわった徳川侍従は平然として突っぱね通した。女官寝室とかいておけば、反乱軍将校たちも入るまいという妙策は見事に奏功して内大臣も宮内大臣も無事、また録音盤は金庫の中で事なきを得たのであった。

やがて夜は白々と明けて八月十五日。真夏の夜明けの訪れは早い。私は侍従室で陛下の御召しを待っていた。侍従たちが陛下の御様子を知らせてくれる。陛下は軍装のままで、時に庭に出たり、自室に坐られたりして夜を過され、一睡もなさらなかったらしい。

やがて御召しによって御文庫書見室に出た。陛下の後にはリンカーンとダーウインの像があった。朝の陽が二人の偉人像を白く照らしていた。陛下は深く椅子によられている。連日連夜の御辛苦から顔の色もすぐれない。「はっ」とするほど陛下の表情には力がなかった。

陛下の胸中を拝察して、私は顔をあげることも出来なかった。すでに反乱将兵の姿は近くになかった。だが、つい先刻まで夜眼にも白い銃剣の光が御文庫の窓脇にまでちらつき、機関銃をガチャガチャさせる音が、この書見室にまで聞えたであろう。

陛下は声をおとして申された。

「藤田、いったい、あの者たちは、どういう積りであろう。この私の切ない気持ちが、どうして、あの者たちには、分らないのであろうか」

暗然とした表情で、つぶやかれた。反乱将校たちの無謀な企てを、陛下はお嘆きになっていたのだ。陸軍省、参謀本部の少壮将校たちが、なお徹底抗戦を叫んで近衛師団に偽の命令を発して宮城にまで兵を出し、録音盤を奪って大詔の放送を阻止し、かわって天皇に戦争継続を直訴しようとしたのであった。

夜が白むころになって、近衛師団にも事態は明確になり、平静をとりもどしてきた。東部軍司令官田中静壱大将は単身、反乱軍のなかに挺身して、その非を諭していた。森師団長を殺害して、偽の師団命令で兵を動かしていた反乱首脳者たちも、坂下門守衛所の一室で田中大将に、その不心得を諭されて、事の敗れたのを知って後に自決した。

田中大将は、単身御文庫に進んで、陛下への奏上を申出た。反乱を部下が惹き起したことに対して、陛下にお詫びを言上すると共に、すでに鎮圧したことを陛下に奏上したいとのことであった。夜来の活動に表情をこわばらせた田中大将は、書見室で陛下に拝謁し、深く叩頭して御文庫周辺までを騒がせた将兵の罪を詫びた。かつて地下壕の建設には、軍司令官ながら卒先して工兵隊と共に奉仕し、宮城守護を誓った忠誠な武人である田中大将は、胸中深く責任を感じていたようだ。

退出する時にも私に、「侍従長から深く、陛下にお詫び申上げておいて下さい。田中の出動が一歩遅れたために、陛下にまで御迷惑をおかけして申訳ない」と丁寧に何度も、お詫びの言葉を語ったのであった。

大内山に朝が訪れていた。歴史的な八月十五日であった。玉音放送は予定どおり正午に日本放送協会から行われ、電波にのって全国津々浦々に終戦を伝えた。

陛下の放送を聞くことは、大多数の国民が、もちろん初めてであった。録音技術が拙かったせいか、放送には雑音が多く聞きとりにくかったが、戦争終結、敗戦のことは国民に理解できた。政府も亦《また》告諭を発して、国民によびかけた。

内閣告諭

本日畏くも大詔を拝す、帝国は大東亜戦争に従ふこと実に四年に近く而も遂に聖慮を以て非常の措置に依り其の局を結ぶの他途なきに至る、臣子として恐懼謂ふべき所を知らざるなり、

顧るに開戦以降遠く骨を異域に暴せるの将兵其の数を知らず、本土の被害、無辜の犠牲亦茲に極まる、思ふて此に至れば痛憤限りなし、然るに戦争の目的を実現するに由なく、戦勢亦必ずしも利あらず、遂に科学史上未曾有の破壊力を有する新爆弾の用ひらるるに至りて戦争の仕法を一変せしめ、次いで「ソ」聯邦は去る九日帝国に宣戦を布告し帝国は正に未曾有の難に逢着したり、聖徳の宏大無辺なる世界の和平と臣民の康寧とを冀はせ給ひ、茲に畏くも大詔を渙発せらる。聖断既に下る、赤子の率由すへき方途は自ら明かなり。

固より帝国の前途は之に依り一層の困難を加へ更に国民の忍苦を求むるに至るべし、然れども帝国は此の忍苦の結実に依りて国家の運命を将来に開拓せざるべからず、本大臣は玆に万斛《ばんこく》の涙を呑み敢て此の難きを同胞に求めむと欲す。

今や国民の斉しく嚮ふべき所は国体の護持にあり、而して苟《いやしく》も既往に拘泥して同胞相猜し、内争以て他の乗ずる所となり或は情に激して軽挙妄動し信義を世界に失ふが如きことあるべからず、又特に戦死者、戦災者の遺族及傷痍軍人の援護に付ては国民悉く力を効《いた》すべし。

政府は国民と共に承詔必謹刻苦奮励常に大御心に帰一し奉り、必ず国威を恢弘し父祖の遺託に応へむことを期す。

尚此の際特に一言すべきは此の難局に処すべき官吏の任務なり、畏くも至尊は爾臣民の衷情は朕善く之を知ると宣はせ給ふ、官吏は宜しく、陛下の有司として此の御仁慈の聖旨を奉行し堅確なる復興精神喚起の先達とならむことを期すべし。

内閣総理大臣男爵　鈴木貫太郎

陛下は、ついに休息をおとりにならなかった。十五日は朝から表御座所にお出ましになったままで、次々と持ちこまれる終戦関係の書類を処理なさった。終戦を知った国民の動揺はどうか——陛下は何度か侍従たちにこの点をお質ねになった。

木戸内府をはじめ内閣、宮内省関係者の拝謁も多かった。

——敗戦の責をおって鈴木内閣は総辞職する。総理は辞表をまとめるための閣議が開かれている——

こんなニュースが私のもとへ流れてきたのは正午ごろだったろうか。私はちょっと意外な感じを懐いた。

《終戦を最高目標にして出発した鈴木内閣だから、遅かれ早かれ鈴木さんが退かれることは確かだが、この日総辞職とはいささか早い。これでは国民も動揺するのではないか》

どちらにしても、戦争最後の内閣であることは国民が身体に感じて信じていたことである。それほど国民の信頼も集まっていたといってよかろう。それが大詔渙発の日に挂冠するとは、尚早に過ぎはしまいか。

私は私なりに憂えた。だが、午後になると鈴木首相が参内してこられて、辞表を捧呈された。陛下も鈴木首相も、捧呈文を前にして感慨無量であったのであろう。老首相はただ涙にむせんでおられた。

臣　貫太郎

曩《さき》ニ重任ヲ拝シ戦局危急ヲ打開センコトニ日夜汲々タリ　然ルニ臣微力ニシテ遂ニ戦争終結ノ大詔ヲ拝スルニ至ル　臣子トシテ恐懼スル所ヲ知ラス　又閣議ヲ以テ決スル能ハスシテ御聖断ヲ仰キタルコト一度ナラス　恐懼何カ之ニ過キン　今ヤ帝国新建設ノ秋ニ当リ　少壮有為ノ熱腕ニ俟ツ所極メテ多シ　臣老骨ニシテ克ク其ノ任ニ堪ヘス　闕下ニ骸骨ヲ乞フ所以ナリ

誠惶誠恐謹テ奏ス

昭和二十年八月十五日

内閣総理大臣男爵　鈴木貫太郎

戦争を終結させるために、陛下の唯一の持ち駒として、敢えて首相の印綬を帯びた鈴木大将であった。いま昭和の大動乱に終止符をうつべき終戦の大詔を拝して、鈴木首相は「我事終れり」と陛下に骸骨を乞うたのであった。

辞表を捧呈した鈴木首相に、陛下は、

「御苦労をかけた」

優しくいたわられた。千万言をつらねるよりも、なお深い君臣の情が、この一言に集められたようだった。後に陛下は、鈴木首相の終戦決定の功を私に語られたことがあるが、この日は特別なお言葉はなかった。ただ深い慈愛の眼差しだけが、陛下と鈴木貫太郎大将との長い年月の心の交りを示すように、温くそそがれていた。再び一介の武人にかえった鈴木大将は、御前を背を丸めて退出したが、終戦の決定に不満をいだく一部右翼人に狙われて、当日だけでも数回居を移さねばならなかったといわれる。

「我が事終る」と自決して果てた一人に阿南陸相があった。十五日午前三時ごろ、日本刀で古式どおり自刃したのであった。この事は蓮沼武官長から陛下に申上げたが、陛下は先夜の御前会議席上における陸相の声涙下る抗戦論を思い出されて、

「阿南には阿南の考えがあったのだ。気の毒なことをした」

と武官長に申されたという。陛下の信頼なさっていた数少い陸軍軍人の一人であっただけに、陛下としても故人を惜しまれたのであった。

阿南陸相につづいてその後次の人々が自決して果てた。そのなかには、田中静壱大将の名もあった。

海軍軍令部次長　中将　大西滝治郎《おおにしたきじろう》
元憲兵司令部本部長　中将　城倉義衛《しろくらよしえ》
航空本部長　中将　寺本熊市《てらもとくまいち》
元関東軍司令官　大将　本庄《ほんじょう》　繁《しげる》
東部軍司令官　大将　田中静壱
大阪海軍監督部長　中将　森住松雄《もりずみまつお》
第一総軍司令官　元帥　杉山　元

慟哭、二重橋前

二重橋前には、十五日早朝から続々と国民がつめかけていた。この日の早朝から、ラジオのニュースが、今日正午に重大な放送があります、と繰りかえしていた。やがて朝の新聞が配達されると、「戦争終結の大詔渙発さる」と大見出しで告げて、詔書の全文が発表されている。国民の肝をえぐるような重大な発表である。朝まだき家々に、父が母が子が孫が、八千万の老いも若きもこの朝の新聞に激しいショックをうけながら、食い入るように見入った。眼頭をうるませ、次第にむせび入り、頬を伝わる涙にまかせて何度も何度も重大な報道を読み返したのである。

そして思い思いが、出勤の時間をぬすみ、登校の道をかえて、続々と宮城前広場の玉砂利を踏んで来たのである。正午の玉音放送があってからは、その人波は一段と増し、二重橋前は悲嘆と興奮と虚脱が渦巻いていた。あるいは座し、あるいはひれふし、感極って、思わず、万歳を叫ぶものもある。

この日の二重橋前の光景を、朝日新聞は次のように報じていた。私はふるえる手でこの新聞を読み、陛下のお机にもこの新聞はひろげられていた。陛下も、これを溢る る涙でお読みになったに違いない。この記事は一記者謹記の形で綴られている。

溢れる涙、とめどなく流れ落ちる熱い涙。あゝけふ昭和二十年八月十五日、「朕ハ帝国政府ヲシテ米英支蘇四国ニ対シ其ノ共同宣言ヲ受諾スル旨通告セシメタリ」との大詔を拝し、大君の在します宮居のほとり、濠端に額づき、私は玉砂利を涙に濡らした。唇をかみしめつ、またかみしめつ、道行く兵隊の姿を見ては胸かきむしられ、「作れ飛行機」の貼紙を見ては、宮城への道々を悲憤の涙を流し続けて来た私であつた。胸底を抉る八年余の戦ひのあと、歩を宮城前にとゞめたそのとき、最早や私は立つてはをられなかつた。抑へに抑へて来た涙が、いまは堰もなく頰を伝つた。膝は崩れ折て玉砂利に伏し、私は泣いた、声をあげて泣いた。しやくり上げ、突き上げて来る悲しみに唇をかみ得ず、激しく泣いた。男子皇国に生を享けて、またいつの日かかくも泣くときがあらう。拭ふべき涙ではない。抑へるべき嗚咽ではない。泣けるまで泣け、涙ある限り涙を流せ、寂として声なき浄域の中に思はず握りしめる玉砂利、拳を握つて私は「天皇陛下……」と叫び、「おゆるし……」とまでいつて、その後の言葉を続けることが出来なかつたのである。

玉砂利に額を押しつけて、きのふまでの輝しき民族の歴史、けふは悲しき民族の歴史の日を慟哭する赤子われ、大東亜戦争は終つたのだ。さあれ一億国民は、戦争終る日の宮城前に、どのやうな光景を眼にせんことを思ひ、苦しき一日一日を、この楽しい夢を追ひ、希望に胸を膨らませて戦つて来たことか……提灯行列、旗行列……歓声……笑顔……あゝ聖上の白馬に召させられて二重橋上に出で立たせ給へば、百雷の万歳天地に轟きわたる……夢寐《むび》にも描きし栄光の勝利のその日は、我れも我が子も遂に見んとして見得ざることとはなつた。いま二重橋上、聖上の御姿も、拝せんとして拝されず、宮城の奥深く宸襟《しんきん》を悩まさせ給ふわが大君の尊き御姿のみ拝察せらるゝ畏さ、皇国の歴史書き誌されてよりこの方、思へば未だ曾つてこのやうなことはなかつたのである。「今ヤ自存自衛ノ為」と米英に対する宣戦の大詔を下し給ひてよりこゝに三年八箇月、あした夕、民草の上に厚き大御心を垂れさせられ、遠き戦野に戦ふ将兵の上を思し召されては侍従武官を御差遣あらせられたこと幾度ぞ。空襲に民傷くと聞し召されてはまた幾度か側臣を現地に御差遣し給うた。さらに去る三月十八日には、帝都焦土の一角に立たせられて、民の苦を御親らの苦しみとし給ひ、この戦勝たではの御覚悟を固めさせられたのである。その間緑濃き大内山に劫火の狂ひしこと一再ならず、しかし畏くも、天皇陛下には、国民難を避けて地方に疎開するなかにも、皇城に踏み止まらせられ、政務を攬《みそな》はせ給ひ、幾百万の皇軍を統帥し給うたのである。

大東亜戦争日に我れに不利、遂に民族の保全、一億赤子のことに御軫念《ごしんねん》あらせられての御聖断、「朕何ヲ以テカ億兆ノ赤子ヲ保シ皇祖皇宗ノ神霊ニ謝セムヤ」との大御心を拝察し奉りては、正座する身をまたも嗚咽に伏せる私であつた。この大君のもと、わが忠勇の将兵は身を鴻毛の軽きにおいたのである。最期のその時にも「天皇陛下万歳」を奉唱して散りしいていったのである。とは言へいま九段の社に神鎮まる護国の英霊に、我ら何の顔をもつてまみえよう。勝つと信じた戦ひであつた。あの昭和十二年七月七日より「天に代りて不義を撃つ」と高らかにも歌ひ、歓呼と旗の波に送られ、大陸を血に染めた若者、ガダルカナル、タラワ、マキン、アッツ「皇国の必勝と安泰を祈念しつつ全員壮烈なる総攻撃を敢行す」と硫黄島に玉砕した栗林忠道大将以下の将兵、近くは沖縄に、三千年の歴史を穢さしめじと牛島大将を陣頭に、醜の楯と斬り込んで果てたわがつはもの達、我も彼もが勝利を祈り、必勝を信じて、最後の血の一滴までを大君に捧げ奉つたのである。さらにまた若く可憐なりし特攻隊員よ、思ひは千里に馳せて涙はなほもとめどもなく袖を濡らす。今着る私のこの服もかつて従軍のその時、あの兵隊たちと共に進軍を続けたときのもの、常に勝利の喜びと共にあつた。生きながらへてこの日に際会し、悲涙を啜つて濡れる運命の戎衣《じゅうい》、それを身にして宮城前に額づくけふの我が身、英霊を偲び遺族を思つては「五内為ニ裂ク」との御言葉に身の震へはとゞまらぬのである。英霊よ許せ、我らは戦つた、戦ひ闘つてしかも忠誠なほ足らず、遂に聖断を仰いで干戈《かんか》をさめねばならなくなつたのである、胸を灼く無念の痛恨、しかも大君は宣はせ給ふ「時運ノ趨ク所堪ヘ難キヲ堪ヘ忍ヒ難キヲ忍ヒ以テ万世ノ為ニ太平ヲ開カムト欲ス」と、無辺の聖慮身にしみて自づから垂るゝ頂…すゝり泣く声あり、身を距たる数歩の前、あゝそこにも玉砂利に額づいて、大君に不忠をお詫び申し上げる民草の姿があつた。

私は立ち上つて「皆さん……」と叫んだ。「天皇陛下に申し訳ありません……」それだけ叫んで声が出なかつた。だが私は一つの声を聞き、二つの声を耳にした「わかります」「私も赤子の一人です」「この上どんなことが起らうとも……」この声はそれだけ言つて、もうあとは嗚咽にかき砕かれた。日本人、あゝわれら日本人、上に万世一系、一天万乗の大君の在します限り、われらの心は一つ、如何なる苦しみにも耐へぬき、いつかの日、けふこの日の歴史の曇りを拭ひ去り浄め掃ひ、三千年の歴史を再び光輝あるものたらしめるであらう。天皇陛下には畏くも「茲ニ国体ヲ護持シ得テ忠良ナル爾臣民ノ赤誠ニ信倚シ」と仰せられてゐる。あゝ聖上を暗き世の御光と仰ぎ、進むことこそ我ら一億の唯一つの道ぞ、涙のなか、その喜びに触れて私は「やりませう」と大きな声で叫んだ。

日本中が騒然とした空気であったが、陛下の御政務には閑暇はない。鈴木内閣の総辞職にともなって、後継内閣の首班に東久邇宮《ひがしくにのみや》［稔彦王《なるひこおう》］が推され、十六日午前十時十分、御文庫に召された東久邇宮に組閣の大命が降下した。

東久邇内閣は近衛公の協力で、赤坂離宮の一室を組閣本部に、翌十七日朝成立した。戦後日本の第一歩であった。陛下もようやく休息をとられた。朝食の後でバルコニー前の花壇に、如露で静かに水をやられた。軍服を脱がれた陛下は細くみえ、めっきりと年をとられた感じであった。その時米機の大編隊が空を圧するように飛来した。低空を飛ぶB29の編隊は、その勝利を誇示して、吹上御苑の上で変針した。見上げる者は改めて、その武力にひしがれたような重圧を感じたものだが、陛下は相変らず花に水を撒く手をお休めにならない。もはや戦いは終ったという王者の姿であったろう。

この物に動ぜぬ陛下の風格は、陛下が皇太子であらせられた時に、側近にあった東《とう》郷《ごう》〔平八郎《へいはちろう》〕元帥の影響に負う所大だという人が多い。確かに私にもそう感じられた。私は若年の折から、連合艦隊司令長官としての東郷元帥を敬慕し幾つかの挿話も聞き知っているが、東郷元帥は確かに物に動ぜぬ方であった。ここに有名な話を想起する。

明治三十七年五月十五日であった。当時の主力戦艦六隻中の二隻「初瀬」「八島」が一挙にロシヤ艦隊の敷設した機雷に触れて沈没したのである。主力戦隊が同一海面で同じ行動をくりかえす封鎖作戦には危険が多く、しかもそれは旅順港口のみえる所であった。日本艦隊が同じコースを行動するのをみてロシヤ側が機雷を敷設したのも無理はない。まず午前十時五十分、先頭の「初瀬」が触雷、「八島」も触雷して数時間後に沈んだ。わずか一日の間に東郷艦隊は主力の三分の一を失ったのである。しかも同日午前一時半には、「春日」と「吉野」が衝突して、「吉野」が沈んでいたのだから、全くの厄日であった。

長山列島にかえった各艦隊司令官、艦長は「三笠」に報告に行くのをためらったほどで、一挙に主力を失った東郷長官の顔をみるのがつらかったのだ。「三笠」につくなり各提督は「お許し下さい」と泣いたのだった。

ところが、この時東郷長官は、「ご苦労だったね」と唯一言、あたかも悲しみや怒りを忘れたような堂々たる表情であった。当時観戦武官であった英国のペケナム大佐は、当時のことを次のとおり語ったと伝えられている。

「大惨事の翌日、東郷提督が私の乗っていた朝日を見回りにこられた。私は固唾をのんで待った。私は心から初瀬、八島の喪失を悲しんでいたので、提督が甲板に上られると、手をさしのべて弔辞を述べた。すると提督は微笑しながら『有難うペケナムさん』と固く握手して、あたかも何かプレゼントをもらってサンキューという時のような印象を受けた。胸をはり、温顔に威をたたえ、昨日の惨事など胸の一点にも残さぬ提督の姿をみて、昨夜来悲しみに眠れなかった六百の将兵は、にわかに安心をとりもどした。萎れた草花が慈雨にあって頭をもたげる光景を思わせた」

この東郷元帥の影響が、若き日の陛下に強い印象を残して、王者の風格を形成したものであろうか。陛下は終戦の事が終ると、淡々とした表情にかえられた。秘められた胸中は忖度すべくもないが、もはや慟哭も興奮も陛下から消え去られたようだ。

天皇、マ元帥会談への苦慮

九月十七日になって、マッカーサー元帥が第一相互ビルに連合国軍最高司令部（GHQ）を構え、お濠をへだてて宮城の前に米国の国旗が翻った。私はこの米国国旗を、宮城から複雑な気持で眺めたが、内大臣も宮内大臣も、マ元帥に対して陛下がどのような態度をとるべきか、何れとも決しかねて困っていた。

翌十八日に外務大臣が重光葵《しげみつまもる》氏から吉田茂氏に交迭した。吉田外相も陛下とマ元帥の会見問題について、それとなくGHQの意向を打診していたし、米内大将を通じてもGHQの考え方について情報を集めた。陛下の立場がどうなるか、これは国体護持という言葉で、終戦決定の最大の眼目となった点である。陛下が連合国軍最高司令官として日本の〝統治者〟であるマ元帥に、いかなる態度をおとりになるかによって、天皇制の問題に現実的な解釈を与えることになる。それだけに慎重に事を運ぶ必要があったし、GHQの意向も宮内省関係者には一切判明していなかった。

そこで、宮内省としては、侍従長が陛下の使者ということで、一度GHQにマ元帥を訪問した方がよかろう、ということに決し、私は久しぶりにモーニング、シルクハットに威儀を正してGHQに出かけた。

九月二十日であったと思う。事前の連絡もGHQ進駐直後のこととて思うにまかせず、宮内省、外務省の係官が私のマ元帥訪問を打ち合せたのだが、GHQに着いてみると「客がある」ということで待たされた。いやしくも陛下の使者である。事前の連絡さえスムーズにいっていたら、待たされることなどないわけだが、情ない気持であった。

私は宮内省から通訳一人だけを伴っていたが、一階のロビーで待つほどに、エレベーターから出て足早に立ち去る吉田茂外相の姿がみられた。私に気づかず、うつむき加減に思いなしか考えこんでいる様子だった。

やがて、私は総司令官の部屋に通された。二室を事務室と居室に別けて使っていたが、パイプをくわえたマ元帥は、気軽な態度で私を居室の方に案内した。

陛下の使者を迎えるという形式ばったところがないので、私の心もややほぐれた。悪くすれば敗戦国の一軍人扱いをされるかも知れないくらいの最悪の覚悟はしていたし、また陛下に対してマ元帥がどれほどの敬意を払っているかも皆目分らないのだから、万事が暗中摸索、私としては敵中に使者として乗り込んでいく気概だったのだが、たった一人、しかも気軽ながら礼儀正しく迎えたマッカーサー元帥の態度に、私も安心したわけだ。

席につくと、私は陛下のお言葉であることを前置きして、通訳を通して次のように述べた。

「元帥は開戦以来、方々の戦場で戦われ、日本に進駐されたが、ご健康はどうであろうか。炎熱の南方諸島で健康をそこなわれるようなことはなかったろうか。また日本の夏は残暑が厳しいので十分に健康にご注意ありたい」

政治的な話でなく、主として健康とか天候の挨拶であったが、

「私のことを種々御心配下さって感謝にたえない。どうか陛下によろしくお伝え願いたい」

マ元帥は非常に丁重な応対であった。私は内心ほっとした。取り越し苦労のようで、今にして思えばおかしなくらいだが、占領軍を指揮するマ元帥が、陛下に対してどう出るかは、私たちにとって推量しかねる重大問題であったのだが、それがこのマ

元帥の応対で、一応明るい見通しが立った。

「アドミラル・フジタ、プリーズ」

こう言いつつ葉巻をすすめる元帥は、卒直な軍人の物腰であった。私が海軍大将の前歴を持つことも、かねて調査してあったのかアドミラルという語が、この時から自然に元帥の口をついて出た。私も気を許して広いデスクや壁の太平洋地図をながめたりする余裕ができた。十五分余りで辞去、この訪問の模様を宮相、内府にも知らせた。また後に吉田外相からも連絡があって、外相もGHQの意向を、次のように知らせてくれた。

「GHQで、あなたに気づかずに失礼した。後になって秘書官に注意されたので、侍従長が待っておられたのを知った次第で、挨拶もしなかったのはお許し願いたい。

実はマ元帥に、もし天皇陛下が、あなたを訪問したいと言われたら、どうなさるか、と質問したところ、喜んで歓迎申上げるとの返事だったので、この会見をどう実現したらよいか、しきりに考えながらエレベーターを出た。侍従長におかれても、会見問題を至急ご研究願いたい」

この吉田外相の連絡で、いよいよGHQの態度がはっきりしたので、宮内省で計画して九月二十七日に陛下がアメリカ大使館にマ元帥を訪問なさることに決めた。

同日午前九時五十分、黒塗りの御料車に私が陪乗、もう一台に石渡宮相以下が供奉して宮城を御出門、赤坂の米大使館に向ったが、正式鹵簿《ろぼ》でなく簡素な行列であった。宮城の御門、沿道の要所要所は、米兵が厳重に警戒していたが、米兵の表情は緊張し、むしろ陛下に対する尊敬の眼差しが多かったように思う。

マ元帥は陛下を自室に案内し、通訳（外務省奥村勝蔵氏）を交えて三人で、およそ三十五分間も話しこまれた。私たちは次室で待っていたが、同座した元帥の副官フェラーズ准将が、陛下の感想を次のように私に語った。

「天皇陛下はわれわれが今まで写真で知っている限りでは、こわい表情の方、ゴツゴツした方と思っていたのだが、いま玄関までお迎えして間近にみて驚いた。フランクな、しかも温和な表情の方だ」

彼は〝陛下〟という言葉の言外に、特別な親しみをみせて語った。いま一人の若いパウア少佐も、

「私は一度で、陛下が好きになった」

と語ったが、〝陛下〟をもたぬ米国民の一種の憧憬もあったのであろう。

会見を終えた陛下とマ元帥は、親しそうに次室に出てこられた。陛下は、まず石渡宮内大臣を元帥に紹介された。石渡宮相が一歩前に出て、元帥と握手する。陛下はついで、私を紹介されようとなさる。するとマ元帥は、自分から一歩出て、

「アドミラル・フジタ。ハウ・ド・ユー・ドウ」

陛下の紹介をまつまでもなく、元帥は私に先日の訪問の礼を述べて、いかにも自然に友情をみせた。部屋のなかが和やかになり、お互いの随員たちも、改めて挨拶を交わす。陛下のマ元帥訪問は、成功のうちに終った。この時の記念撮影で、いかにもゆったりと手を腰にやったマ元帥と、礼服に威儀を正していられる陛下を対照して、勝者マ元帥に対して敗者としての陛下が、いかにも圧倒されていたかのように伝える向きもあるが、決してそのような空気はなかったことを付言しておきたい。マ元帥は、尊敬の念をもって〝陛下〟（ユワ・マジェスティ）とお呼びしていた。

陛下とマ元帥が二人で何を語られたか、これは明らかにされていないが、後日になって外務省でまとめた御会見の模様が私のもとに届けられ、それを陛下の御覧に供した。通常の文書は、御覧になれば、私のもとへお下げになるのだが、この時の文書だけは陛下は自ら御手元に留められたようで、私のもとへは返ってこなかった。宮内省

の用箋に五枚ほどあったと思うが、陛下は次の意味のことをマ元帥に伝えられている。

「敗戦に至った戦争の、いろいろの責任が追及されているが、責任はすべて私にある。文武百官は、私の任命する所だから、彼等には責任はない。

私の一身は、どうなろうと構わない。私はあなたにお委せする。この上は、どうか国民が生活に困らぬよう、連合国の援助をお願いしたい」

一身を捨てて国民に殉ずるお覚悟を披瀝になると、この天真の流露はマ元帥を強く感動させたようだ。

「かつて、戦い敗れた国の元首で、このような言葉を述べられたことは、世界の歴史にも前例のないことと思う。私は陛下に感謝申したい。占領軍の進駐が事なく終ったのも、日本軍の復員が順調に進行しているのも、これ総て陛下のお力添えである。これからの占領政策の遂行にも、陛下のお力を乞わねばならぬことは多い。どうか、よろしくお願い致したい」

GHQ当局としては、占領当初は陛下の力を政略的に使おうとしていた。進駐を無血のうちに終らせるためには、それ以外に手段がないとの戦略に立っていたからだ。

しかし、マ元帥は陛下のこの真情あふれるお言葉を聞いたころから、彼自身の心に積れていた。最初の文案は木原通雄氏が書き、十二日に安岡正篤《やすおかまさひろ》、川田瑞穂《かわだみずほ》両氏が手をいれたものであるが、十四日夜の閣議では議決に手間どり、何度か侍従職の方から首相官邸の鈴木首相に連絡して催促した。首相が詔勅案を陛下のもとに捧呈したのは夜十時前であった。それから私たちの手元で奉書に清書し、陛下にも差上げて録音の準備にかかった。

録音は宮内省第二期庁舎の陛下の執務室とその次室を使ったが、十四日夜十一時を過ぎていた。陛下は私の先導で三井《みつい》［安弥《やすや》］、戸田《とだ》［康英《やすひで》］侍従を従えて出御になり、スタンドの前にお立ちになった。御文庫で陛下は詔書朗読のご練習をなさってきたが、何にしても急なことではあり、連日連夜の御疲労である。首尾よく終ることを私たちは祈った。石渡《いしわた》［荘太郎《そうたろう》］宮相、下村国務相と私が侍立し、次室には日本放送協会の係員が機械を調整していた。陛下は初めての御放送であるだけに下村国務相に、声の程度などをお質《たず》ねになり、下村氏が普通の声で結構の旨を答えて、一礼するのを合図に録音は始められた。

「朕深ク世界ノ大勢ト帝国ノ現状トニ鑑ミ非常ノ措置ヲ以テ時局ヲ収拾セムト欲シ

ある」

陛下のお顔も涙でくもっていた。会議が終ったのは正午少し前であった。陛下は退出なさると直ちに木戸内府を召されて、御前会議の模様を語られたが、その際もお涙をしきりにふかれ、陛下のお声もかすれていたと、その直後に私と詔勅のことを打合せた木戸内府は語っていた。

《今は陛下も、独りお静かに心を安ませられることが大切だ。お涙もあろう、お苦しみもあろう。一天万乗の大君と尊ばれて、誰にその苦悩をうったえる術もなく、自らの胸に一切をたたみこまねばならぬ運命をもった陛下、今は静かに独り坐して、心から落着けなさる以外にない》

私は陛下の御心中を察して、涙にむせんだ。だが御前会議の詳細を聞きとっている時間もない。私たち側近の仕事も急に多忙になった。終戦詔書の準備、それに十五日早朝に放送予定と決まった玉音放送の準備など、次々と追われた。再び聖断を拝した鈴木首相は閣議を開いて詔勅案の審議にかかり、木戸内府もまた三笠宮、高松宮、近衛公らと時局収拾を検討されていた。

詔勅案は手回しよく十日の最高戦争指導会議の後で、迫水書記官長の手元で準備さ極的に「天皇に戦争責任なし」とする議論に傾いていったようだ。米国新聞もまたこの間の事情を伝えていた。

「マッカーサー司令部としては、天皇の協力を獲得したことによって、日本本土進駐に、二十四ヵ師団の援兵を受けたより有効であった」

米人の間に天皇に対する〝人気〟がわいて陛下にインタビューを申込む記者の数も少なくなかったが、これはGHQ渉外局が、がっちりと制限していた。なかには一、二人、インタビューに成功した通信社もあったが、これは記者としての会見というより、外人有力者が拝謁を受けるといった調子で、彼等は最大の尊敬を払って陛下に対していたが、これもマ元帥訪問が、大きく影響したと思う。宮城の警備に米兵を立哨させていたが、これもどちらかというと、外人が宮城に無断で入ることを禁止するために立たせていたもので、占領当初に宮城を軟禁状態にするのではないかとの考えは杞憂に終った。

天皇制について、GHQがどう考えているかは、次第に推測がついたが、その他の点については占領軍の政策は、決して甘いものではなかった。次々とうたれる占領行政は、判断の鈍い日本政府をあわてさせ、敗戦国の痛みを容赦なく衝いて来る。また占領軍兵士と住民とのトラブルは各地に起り、甘きにつどう蟻のように、Ｇ・Ｉ［米兵のこと」にたわむれる日本人婦女子のいたましい光景が都市といわず農村といわず見られるようになった。

十月に入ると東久邇内閣の内相山崎巌《やまざきいわお》氏以下、全警察組織の幹部を罷免せよという命令がGHQから出され、このため東久邇内閣は総辞職してしまったが、組閣以来五十余日、GHQの意向が充分に把握できなかったことに内閣退陣の原因があったようだ。緒方竹虎書記官長の筆になる退陣の弁には、「占領軍が天皇の大臣を罷免するようなことを黙認しては、日本の政府の威信は地を払う。これには承服できないので総辞職する」とあった。陛下も、これにはお困りになったが、GHQとの交渉を考慮して元外相幣原喜重郎《しではらきじゅうろう》氏に大命は降下した。

陛下の政務も多忙で、終戦にともなう数々の法令、恩赦《おんしゃ》の詔書など次々とめまぐるしく発せられた。十一月初めには伊勢大神宮に終戦を御報告のため参拝され、石渡宮相、木戸内府とともに私は供奉したが、京都に御宿泊になったのは十一月十三日であった。戦災の少ない京都の町の美しさは、東京の焼け跡ばかり見なれた私たちに、異様なほど美しくみえた。陛下も非常にお喜びであった。

陛下の御心は、終戦決定がいま半年早ければ、日本の国土を、あれほど荒らさずともすんでいたであろうと、広島や長崎の惨害を思い浮べておられるようであった。

御帰京後にも多摩御陵、靖国神社に参拝して終戦を告げられた。十一月二十七日には第八十九臨時国会の開院式に行幸になったが、秋雨けぶる日であったと記憶する。傍聴席には連合軍の将兵が多く、陛下の勅語を読まれる姿をまじまじと瞠《みつ》めていた。彼等には、今や〝天皇〟は一種の神秘さをもった人格であったようだが、同時に天皇制をめぐる論議もようやく米英本国で取沙汰されるようになった。

十月十八日のワシントンからのAP電報はトルーマン大統領が、「天皇制の運命は、日本人民が自由なる選挙で、その運命を決定する機会を与えられるのはよいことだ」と述べたことを伝えたのをきっかけにして、前国務次官グルー氏（元駐日大使）の天皇制支持論、あるいはワード・プライス氏の一定期間の空位論、ラッセル上院議員のマ元帥一任論などが伝わってきた。陛下も深い関心を、これら連合国側の意見に寄せられていて、新聞電報にも詳細に眼を通された。

近衛公自殺への私見

一方、東久邇内閣の閣僚として、微妙な役割を果していた近衛公は、東久邇内閣が総辞職して間のない十月中旬に参内して、陛下に次のような奏上をした。

「この月の四日に、マ元帥に会見致しましたところ、元帥は日本民主化の具体的な仕事として、例えば憲法の自由主義化のような仕事を指導しては如何と、私に申しました。マ元帥の意向を受けた以上、これに着手すべきだと存じますが、陛下のお許しを得たいと存じます」

陛下も、これに賛成なさって、数日後から近衛公は内大臣府御用係の肩書で、憲法改正に取りくむことになった。改正の重点はやはり天皇の権限の縮小にあった。しかも近衛公はその私見として、陛下の戦争責任論をいだいていたのである。

「御上は大元帥陛下として、戦争に対する責任がある。敗戦の責任をおって御退位になるべきで、それでないと連合国の一部から戦犯指定の声も出ないとは限らぬ。天皇が在位のままで戦犯指定を受けては、国体護持とはいえぬ。いまのうちに退位されて京都にでも隠居なさった方がよい」

近衛公が私見として、退位論をもっておられたことは明らかで、外人記者の質問にはっきりと答えていた。しかし、この近衛公自身の戦争責任に対する批判の声も、内外に高かったのだ。ニューヨーク・タイムズの社説が近衛公の憲法起草を非難したのも有名である。

「近衛公の如き人物が日本憲法の起草をすることは、米国の占領最終目標に違反することだ。近衛は長期間にわたって、侵略日本の首相であった。彼がマ元帥によって、戦犯として牢獄に入れられても、誰も驚くまい。もし彼が日本憲法を起草するに適当な人物であるとすれば、キスリングをノルウエー国王に、ゲーリングをして連合国の頭首に就任させるがよかろう」

真に手厳しい批判であった。この外からの非難に呼応するように、GHQではマ元帥の代理者がステートメントを発表して、「近衛公は新憲法起草の目的のために連合軍当局によって選任されたものではない。近衛公は東久邇内閣の総辞職前に、首相の代理としての資格で、日本政府は憲法を改正することを要求するであろう旨通達されたのであって、その翌日の内閣総辞職によって、近衛公との関係は終った。マ元帥は改めて幣原首相に対して、改正に関する命令を伝えた」と、近衛公の立場を全面的に否定してしまった。

マ元帥に〝示唆〟されて着手したという近衛公の立場は、これで崩壊した。しかし、すでに京大佐々木《ささき》惣一《そういち》博士を中心にした草案は完成、陛下に奉答するばかりになっていた。近衛公の憲法改正をめぐる発言のなかに陛下とマ元帥に対する微妙なニュアンスが感じられ、陛下の側近でも話題になった。近衛公としてはマ元帥に裏切られたといった感情が強く、また陛下の御態度に何か釈然とせぬ思いをもっておられたのではないかと思う。しかし、このGHQのステートメントで、去る九月東条大将ら三十九名が戦犯指定を受けたのを始めとして断続して発せられていた戦犯指定、逮捕命令が近衛公、木戸侯に及ぶことが予想された。

占領軍の命によって内大臣府も十一月下旬に廃止されることになり、昭和五年に内大臣秘書官長として宮中に入って以来十六年に及ぶ宮中生活を送った木戸内府も側近を辞することになった。また皇室財産も一般財閥と同様に凍結されて、陛下の御手元も、いよいよ不如意になった。

憲法改正をめぐる近衛公の問題、米国から伝えられる天皇制への批判、木戸内府の退陣と、秋から冬へ、陛下の御心痛は再び激しいものがあった。

十二月六日には、ついに近衛公、木戸侯らに戦犯として逮捕令が出され、十六日までの期間を付して巣鴨拘置所へ出頭することを命じていた。軍人、閣僚級の高官、梨本宮《なしもとのみや》様まで続々と巣鴨へ入獄したなかに、先に東条大将が連行の米憲兵の到着寸前に自殺をはかり一命をとりとめた報は、陛下も複雑な表情でお聞きになったのだった。ところが、十二月十六日午前五時ごろ、近衛公も自宅荻外荘《てきがいそう》で服毒自殺したのである。

四面楚歌のように、戦後の政局に孤立、ＧＨＱからも見離された恰好になっていた近衛公は死の寸前に令息に渡された所感とともに、日米交渉の概略を記述した手記を残して死なれたが、これは二通とも写しが陛下のもとにも届いた。近衛公側近の人々の配慮であったと思うが、これは陛下と近衛公の関係を示す重要な内容をもっている。

しかも、それは当然、天皇と重臣、天皇と首相、輔弼という日本の政治形態のもっとも難しい点にふれていた。近衛公の自殺の真因がそこには秘められている。

令息通隆《みちたか》氏に示された近衛公の死に臨む「所感」は次の内容である。

僕は支那事変以来、多くの政治上過誤を犯した。之に対し深く責任を感じて居るが、所謂《いわゆる》戦争犯罪人として、米国の法廷に於て裁判を受けることは、堪え難いことである。殊に僕は、支那事変に責任を感ずればこそ、この事変解決を最大の使命とした。そしてこの解決の唯一の途は、米国との諒解にありとの結論に達し、日米交渉に全力を尽したのである。その米国から今、犯罪人として指名を受けることは、誠に残念に思う。

しかし僕の志は知る人ぞ知る。僕は米国に於てさえ、そこに多少の知己が存することを確信する。戦争に伴う昂奮と、激情と、勝てる者の行き過ぎた増長と、敗れた者の過度の卑屈と、故意の中傷と誤解に基づく流言蜚語と、是等一切の輿論なるものも、いつかは冷静を取り戻し、正常に復する時も来よう。

其時初めて、神の法廷に於て正義の判決が下されよう。

また日米交渉の経緯を記した長文の手記は前段において、近衛公がいかに日米交渉成立に努力したか、しかも松岡外相の独断、東条陸相の術策が、いかにこれを妨げたかを述べ、末尾に結論的に天皇と統帥権の問題にふれて次のとおり記述しているが、これは相当に思い切った表現で記されている。

以上日米交渉難航の歴史を回想して、痛感せらるゝことは統帥と国務の不一致といふ事である。抑も統帥が国務と独立してをることは歴代の内閣の悩む所であつた。今度の日米交渉に当つても、政府が一生懸命交渉をやつてゐる一方軍は交渉破裂の場合の準備をどしどしやつてゐるのである。しかもその準備なるものが、どうなつて居るのかは、吾々に少しも判らぬのだから、それと外交と歩調を合せる訳に行かぬ。船を動かしたり、動員したりどしどしやるので、それが米国にも判り、米国は我が外交の誠意を疑ふことになるといふ次第で、外交と軍事の関係が巧く行かないのは困つたものであつた。

日米戦ふや否や、といふ逼迫した昨年九月以降の空気の中で、自重論者の一人であらせられた東久邇宮殿下は、この局面を打開するには、陛下が屹然として御裁断遊ばさるゝ以外に方法なしと御言明になつた事があるが、陛下には、自分にも仰せられたことではあるが、軍にも困つたものだといふことを、東久邇宮にも何遍か仰せられたと拝聞する。その時、殿下は、陛下が批評家のやうなことを仰せられるのは如何でありませう。不可と思召されたら、不可と仰せらるべきものではありますまいかと申上げたと承つてゐる。

このやうに、陛下が、御遠慮がちと思はれる程、滅多に御意見を御述べにならぬことは、西園寺公や牧野伯などが英国流の憲法の運用といふことを考へて、陛下はなるべく、イニシアチーブをお取りになられぬやうにと申上げ、組閣の大命降下の際に仰せられる三箇条——憲法の尊重、外交上に無理をせぬこと、財界に急激なる変化を与へぬこと——然るに日本憲法といふものは天皇親政の建前であつて、英国の憲法とは根本において相違があるのである。殊に統帥権の問題は、政府には全然発言権なく、政府と統帥部との両方を抑へ得るものは、陛下たゞ御一人である。しかるに陛下が消極的であらせられる事は、平時には結構であるが、和戦何れかといふが如き国家生死の関頭に立つた場合には障碍《しようがい》が起り得る場合なしとしない。英国流に陛下がたゞ激励とか注意を与へられるとかいふだけでは、軍事と政治外交とが協力一致して進み得ないことを、今度の日米交渉に於て特に痛感したのである。

しかしながら最後に一言する。立憲君主としての陛下の御態度はかく消極的ではあらせられたが、陛下の御意図はあくまで太平洋の平和維持にあり、何とかして前途見通しのつかぬ大戦争に突入することを避けて、二千六百年の国体を無瑕のまゝに維持したいといふ御念願と、御苦慮の御有様は、御痛々しきまでに拝せられたのである。（原文のまま）

近衛公のこの手記は昭和十七年夏、つまり日米開戦の翌年に書かれたもので、公の自殺直後に朝日新聞に数日にわたって連載されたものである。日米開戦の前夜、松岡外相の独断に悩んで第二次近衛内閣を総辞職し、さらに重ねて第三次内閣を組閣したが、今度は東条陸相に押切られて辞職、ついに東条内閣が成立して、開戦に踏切るまでを詳細に記録したものだが、その末尾、結論ともいうべき点が以上に引用した陛下の責任論である。天皇制という日本の国体の基本にふれ、しかも陛下の性格まで筆はのびている。

近衛公の論ずるところでは、西園寺公望公、牧野伸顕伯ら陛下の側近に在ったものが、英国式の憲法解釈で、「陛下は何も仰せられぬ方がよい」とする訓育に力をいれ、しかも陛下の消極的な御性格から、白を白、黒を黒と言い切る決断に乏しくなり、歴史的な転機に日本の進路を誤ったとする議論である。

歴史的な転機といえば近衛公の政治生活も、昭和史の激動期と時を同じくしている。貴族院議長から第一次近衛内閣を組閣して、支那事変に突入、政党を解消して大政翼賛会を組織、その後も二度内閣を組閣し、日米開戦の直前に下野した公の政治生活は、そのまま日本戦争指導の歴史でもあった。五摂家の筆頭として、もっとも皇室にも近く、陛下とは年齢もさして離れていなかっただけに、皇室にも親近感の深い方であった。

それだけに、この手記は意外に思えてならなかった。近衛公自らの責任よりも、陛下の消極的な性格に開戦の責任を押しつけるかの感があって、これには陛下も心外に思召されたらしい。ただ一言ではあったが、側近の者に、

「近衛は自分にだけ都合のよい事を言っているね」

こう申された。陛下としては万感胸にあふれるものがあったに相違ないと拝察するのだが、ただこう表現されただけであった。国家和戦の関頭に立って、陛下はただ激励とか注意を与えるだけで、消極的な態度であり、あたかも批評家の立場に立っておられた。このことが政治と統帥の離反を招いた、統帥部を押さえ得る力をもつものは、上御一人、陛下だけであったのに、それを為されなかった、ここに陛下の御責任は免れ得ない。近衛公のこの所論に対して、陛下はおっしゃりたいことは多かったであろうに、この時はただ一言の感想に止まった。

この近衛公の手記には、宮中関係者にも内心反撥を覚える者が少なくなかった。近衛公自身の反省が感じられなかったからだ。一国の総理大臣として三度政局を担当しながら、彼もまた批評家的立場で己の所信を貫く勇気に欠けた。

むしろ、この近衛公の弱気をこそ、陛下は常に御指摘になっていたようで、この点に鈴木貫太郎、米内光政両氏との御信頼の差があったようだ。高松宮も細川護貞《ほそかわもりさだ》氏らに、初めはよいが中途から投げ出す近衛公の弱気を御注意になったという記録があるほどだ。

だが近衛公は自殺して果てた。戦敗国の元総理大臣として米国の法廷に立つのは忍びないと言い、天皇に累を及ぼすことを虞れると言い、東条との対立を米国流のジャーナリスチックに興味半分に裁かれるのを拒否する、とその自殺の原因は語られていたが、私はいささか異った観点をもっている。

それは先に引用した近衛公の手記と関連して自殺の原因を考えるのである。日米開戦して、近衛公が下野した頃、公は開戦を避け得なかった原因は首相であった自分の力不足というよりも、陛下が消極的で統帥部の横車を押さえられなかった点にあると考えていたのかも知れない。ところが戦争を終結するに当って、鈴木首相がとった聖断という手を現実にみて、愕然としたのではなかろうか。

この手段があった、この手をどうして自分は思いつかなかったのであろうか、近衛公は終戦御前会議の聖断をみて、開戦阻止もこの方法なら為し得たのではないかと思い当ったのではなかろうか。陛下の責任よりも、自らこの聖断を仰ぐことをおこたった責任感、これが戦犯指定を期にして公を自殺に追いやった真因ではないかと思う。輔弼の責任とは、そのような事にあるのではないか。近衛公自らが、これを戦争終結の後に気づいた点に、日本の不幸も公個人の不幸もあったといってよいかもしれぬ。

同じ不幸は木戸内府も背負っている。後に東京裁判の法廷で、キーナン首席検事との間に次のような問答を行っているが、統帥、外交大権の総統者としての天皇が、戦争か平和かを決定するについて、果して他になすべき方法はなかったか、直接の助言者である木戸内府が万全を尽したか否かが追及されている。

問（**キーナン検事**）「……陛下には実際的にこうしたらどうか、ああしたらどうかという権利はあって、ただ紙の上に書いてある権利でなく、陛下がもっておられる実際の権利であるわけですね」

答（**木戸侯**）「しかし、それは政治はすべて国務大臣の輔弼によって行われるという別の規定によって制限されている」

問「法律あるいは条例にせよ政府が考慮していることは、結局陛下の裁可なくしては成立出来ないのではないか。もし陛下がそれを拒否すれば成立しないのではないか、これは陛下の憲法に基くところの形式的権利ではなく、実際上の権利についての質問である」

答「さきほど申したように、国務大臣の輔弼によって、国家の意志ははじめて完成するので、輔弼とともに御裁可はある。そこで陛下としては、いろいろ御注意とか御戒告とかを遊ばすが、一度政府で決して参ったものは、これを御拒否にならないというのが、明治以来の日本の天皇の態度である。これが日本憲法の実際の運用の上から成立してきたところの、いわば慣習法である」

問「では学術論を避けて具体例を言えば、一度内閣が開戦を決意した場合には、陛下はこれを阻止することが出来ないといわれるのか」

答「そうであります」

問「それでは結局、宣戦の大詔に署名されるというのは、ただ一つの儀礼にすぎないのではありませんか。ゼスチュアに過ぎなかったわけですね」

答「ゼスチュアという意味がわかりませんが、どういう意味ですか」

問「この場合には一つの偽瞞的手段、天皇がもっとも日本の為になると思っていたこと、並びに天皇自身の意志にもかかわらず、すなわち開戦は天皇の意志であるということを、日本の国民にみせかける一つの偽瞞的手段となったのではありませんか」

ウェッブ裁判長「首席検察官に申上げるが、われわれは、ここで陛下を裁判しているのではありません」

キーナン検事「では形をかえて聞きましょう。ゼスチュアの意味は、日本国民をして、戦争が陛下自身の真意であり、そして戦争は陛下が裁可した戦争であるというふうに思わしめるためになされた手段、かつ戦争をすることによって、日本のためになるという意味が含まれていた――」

答「あの時は政府から、自存自衛のために立上らざるを得ないという説明であった。そこでこれはすでに避けられない立場におかれたのでありますが、この詔勅を出すということは、これは戦争が決意されれば当然に伴ってくる行為であります」

問「それはあなた自身の意志ですか。あるいは天皇の意志ですか」

答「これは私の当時観察したことを申上げたのである」

問「それはあなたの見解、判断であったか」

答「そうです」

問「では結局、あなたは戦争をする方の味方であったのではないか」

答「そうではありません。ただ政府がすでにその決意をした以上は、私個人の意志はどうあろうと、これに反対する権限は私はもっておりません」

木戸内府とキーナン検事の議論の応酬について、とかくの批判は避けたい。しかし、ここにみられるのは、陛下の立場と、それを直接助言する立場にあった木戸内府との関係である。ここにもまた余りにも人間的に弱く、君側にあって百難を排しても正しきを貫く気力に欠けた一貴族の姿がある。先人、近衛《このえ》篤麿《あつまろ》、木戸《きど》孝允《たかよし》に比し、近衛文麿、木戸幸一の相違を深刻に考えさせられる。

東京裁判については、見る者の観点によって、各々異なる考察があると思うが、日本政治史の一面をあます所なく剔抉《てっけつ》した点は認めねばなるまい。木戸侯についても、その日記を中心にいろいろの事実が公けにされたが、最終論告においてコミンズ・カー検事は、「木戸と天皇」について次のように述べ、注目すべき発想をしている。

——木戸の天皇に対する真実の態度は、如何なものでありましたろうか。彼は大いなる忠義を公言しているが、もし木戸の私見について述べた原田の記録（原田日記）を承認しますなら、木戸は内心で天皇を秘かに軽侮の眼をもって見ていたというのが真実である。

日独同盟の提案については、軍は有田〔八郎《はちろう》〕・米内が同意しようとしていたよりも、もっと極端な形式の軍事同盟を押しつけようとしていたのであるが、一九三九年四月二十日原田はこの同盟に関して木戸が次のように述べていることを記録している。

「今上天皇は科学者でかつ極めて平和主義者であり自由主義者である。それ故もし天皇の御意思が変更されないなら、天皇と陸軍、および右翼団体との間には相当の間隙が生ずるであろう」と。このことは天皇が陸軍および右翼に対して、一層同情的な態度をとられるよう指導するのが、彼の使命であると木戸自身が考えていたことを明白にする。

木戸侯は陛下の性格を知りつつ、それを悪用して戦争へと導いた、という点をカー検事は力説している。そして「木戸は天皇を内心では軽侮していたのだ」というのである。これは木戸侯の本心とは程遠い解釈かも知れない。だが第三者にそのように解釈されても致し方のない欠陥があったことは否めまい。

天皇の側近に在ることは、なまなかな事でない。これだけは明らかであろう。

いったい輔弼とはどういうことか、法律上はともかく、実際にはいろいろと困難な問題があった。内大臣府が廃止されて木戸内府が退き、巣鴨に入所されてしまってからは、政治的な事柄についても、時に私に御下問になることがあったが、私は特に参内して奏上する閣僚に次のように忠告した。

「輔弼といっても、陛下の思召しも知らずにいては、誤ったことをする心配がある。陛下もいろいろとおっしゃりたいことがあるのだから、これを十分に聞き、その上であなたも十分に陛下に意見を奏上されるがよい。両方で十分に意見を出してこそ、輔弼の責を全うすることができる」

戦前、戦中を通じて、陛下をめぐる環境には、この重要な一点が欠けていた。

異例、天皇の心境吐露

天皇制の問題は国の内外に高まっていた。米国の新聞のなかにも、天皇の戦争責任免れずと報ずる（AP電）ものもあったし、米政界の空気も峻厳《しゅんげん》なものだと伝えられた。GHQダイク代将も、国教分離を指令したステートメントの説明のなかで、天皇絶対を否認すると述べていた。

陛下は退位なさるべきだ。京都あたりに隠居なさった方がよい、と近衛公が外人記者に語ったと報じた新聞もあった。このように内外に高まった天皇の責任論、退位論に対して、陛下はどのようにお考えになっていたろうか。侍従長として、私は全力をあげて、この問題の情報を集めて次に起こるべき新情勢にそなえていた。責にこそお出しにはならなかったが、陛下も胸中深く、この問題については御決意なさっている様子だった。

新聞にあらわれる連合国側の天皇制に対する動向、GHQ関係者の言動、さらに開廷準備を進めていた戦争裁判関係者の考え方について、私はいろいろと情報を集めた。マッカーサー元帥の考えは、天皇制の護持にあると見当がついていたが、その他の世論は必らずしも楽観を許さない動きがあった。

連合国といっても、日本の占領に大きな発言をもつのは、いうまでもなくアメリカである。それだけに米本国の世論には深い注意を払った。二、三の例をあげてみよう。

トルーマン大統領は、選挙によって天皇制の問題を決定させようと考えていたらしい。十月十八日、米記者に次のように答えている。

「天皇の運命は、日本人民の選挙によって決定すると故ルーズベルト大統領がいったということは、自分は聞いていない。しかし自分の考えは、この案に賛成である。日本人民が自由な選挙で、天皇の運命を決定する機会を与えられるのはいいことだ」

日本の新聞にもこのトルーマン大統領の言明は伝えられたから、陛下も御一読なさったに違いない。「天皇制の運命」――「選挙に問ふのも一案」と大きな活字の見出しがついていたのを印象づよく記憶している。このころは新聞を開いて〝天皇〟という字を見るのが、何となく心重かったものだ。何が書かれているか、読み終えるまでは軽い焦躁をおぼえた。

しかし、陛下は一言も天皇制や戦争責任論について、私たち側近にも仰せにならなかった。新聞やラジオの論調にも気をくばっておいでになることは、私たちにも分ったが、それについて具体的な反応をお示しになったことはない。

アメリカ国内にも知日、反日両派で天皇制について議論が行なわれていた。グルー前駐日大使が天皇制擁護の立場から、「天皇は欧州におけるローマ法王の如く、日本にとっては不可欠の存在である」（ニューズウィーク誌）と述べていたが、これはどうやら米国内の世論とは逆行するもので、その本流はワード・プライス氏らの次のような退位論だったようだ。プライス氏はヘラルド・トリビューン紙上で述べている。「天皇は戦争を信ぜずして、しかも戦争政策に加担されたのであるから、或る意味では軍閥以上に戦争に責任があるといえる。

この点から日本に一種の空位時代を設定すべきであって、日本占領期間中少くも二十年くらいは、この状態におくべきだ。ただし、それには日本国民自身が自己の結論に従って、君主制を廃止するか否かを決定するという条件を付することにする。それによって、この期間中に天皇に関する神話は取り壊され、日本人の民主制に向う自然本能が目覚めて、共和制をとるか、立憲君主制をとるか、自ら決定せしめることができるであろう」

二十年程度の空位時代をおけという議論である。これは米国世論の一つの流れで

あったようだ。また一方にはアメリカ流の実利的な考え方があることも新聞を通じて入手できた。それはワシントン・イブニング・スター紙の次のような論調である。

「マッカーサー元帥は米軍による軍政の手数を省く意味で日本の既存政体を維持し、天皇をして日本国民に命令せしめることも可能である」

手数を省くために、利用出来るものは最大限に利用する。その第一は天皇のもつ〝力〟であるとする米国流の実利主義は、私たちにも理解出来た。ニューヨーク・タイムズ紙も同じ見地から天皇制の存続にある程度の是認を与えていたように思う。東京支局長リンゼイ・パロット氏は次のように打電していた。

「天皇に関する限り事態はかなり明確になった。日本人自身で何等か他の政体を決定するか（これは見込論だが）あるいは天皇自身で退位を決定され皇位を譲られるか、あるいは当地（東京）でしきりに取沙汰されているごとき同じような方法を採られるのでない限り、天皇は依然統治を続けられるであろう。

連合国側では天皇の疑うべくもない広大な勢力を有する、いわゆる神格を、日本再生の手段として利用するために、天皇の統治を存続することを利益とするとの見解をとっている。しかしながら、天皇の神聖については、従来のごとく触れずにおかれることはなくなろう」

天皇を神聖視することはなくなるが、その統治は認めるという議論で、これが米国世論の代表的なものに固まりつつあると、私は判断した。

ソ連はどう考えているのか、この点も大いに心配したが、その具体的な考え方は入手出来なかった。ただ延安から伝えられる「日本共産党の綱領」の中で、天皇制を承認して天皇制の下で共産主義を実現することを主張していた。これは終戦と同時に出獄して国内で活動を始めた一部の共産党員の所説とは異なっていたが、少なくとも中国共産党、ソ連側の意見の一端を示すものだと解釈された。後になって野坂参三氏が帰国して愛される共産党といいはじめたことと考え合せてみると、この延安からの情報は正しかったことになる。

とにかく共産系諸国、とくにソ連の考えは具体的に把握できなかったが、それほど天皇制存続に不利であるとは思わなかった。また中国の思想家林語堂《りんごどう》氏の次のような意見は、東洋諸国の考え方を代表するものと解釈できた。林氏はこう述べていた。

「日本国民は君主制に関する、あの神秘主義を払拭せねばならぬ。日本人のなかにも確かに我々が神話時代に生きているのでなく、自らの考えを公然と述べるだけの自由をもたねばならぬということを認識している連中もある。今次大戦において、天皇は欺かれたか、あるいはそうでなかったのか何れかだが、前者であれば天皇は神聖であり得ぬし、後者であれば天皇は中国、米国等に対して、この凄惨な戦争を開始したことについて責任を有する。日本国民としては、むしろ天皇が神であらせられたのではなく、他に欺かれたものという方がよいであろう。

日本国民は、もちろん天皇を敬慕し奉り、その命令に服すべきであるが、しかし天皇を狂信的崇拝の象徴とすべきではない」

このように各国の意見も活潑であった。日本の新聞にも、それぞれの情報が記載されて国民の天皇制論議をあおっているかに思われたが、私は陛下の心中を推察して、日本の新聞の扱い方を余り快くは思わなかった。せめて日本の新聞は、今少し慎重に、時の流れを見究めてからこの問題にとり組むべきではないか、という感想をもっていた。しかしながら現実の政治問題としても、天皇制は米国の議会で論議され、遠からず日本にとっても政治問題化することが予見されていたのだから、新聞としても報道しないわけにいかなかったであろう。
《それにしても、陛下にこれをナマのままで御覧にいれることはどうであろうか》
私は侍従長として大いに思案したが、陛下の淡々とした御日常をみて、取り越し苦労をすることをやめた。すでに陛下の御決意は堅い、我々がとやかく気をもむ段階ではない。むしろ進んで天皇制問題の論議をありのままに伝えることが、自分の責任ではないかと思うようになった。心を決めてしまえば、私もまた陛下と同じく冷静に問題の本質が見透せた。
米国の世論が祭政の分離にあること、天皇制の問題もこの観点からみていること、このような基本的な点にも改めて気づいた。AP通信社ドウイット・マッケンジー氏の意見には、私たちは考えさせられる点が多かった。米国民が天皇制をどう理解しているか、日本人の理解とくい違った点はないかを知ることによって、逆に積極的に日本側から天皇制の真の姿を米国側にうったえることもできる。いや、それを積極的に行わなければならぬ時期が来るのではあるまいか、マッケンジー論文を読みながら、私は積極的に天皇制護持に動き出す機会などについて考え始めていた。論文は次のような趣旨であった。

日本における国教としての神道を廃止すべしという米国政府の決定は、過去の誤まった指導の故に、いま苦悩と汚辱の裡に立たねばならない現代日本の改革に、一つの解決の道を拓くであろう。

蓋し従来日本の軍国主義者どもが、よく民衆を抑えきったゆえんのものは、彼等が言わんと欲するところを、国民信仰の対象たる神道の言葉をもって語ったからである。従ってもし日本人が多少なりとも米国政府の決定をもって信仰の自由を阻害するものではないかと憂えるならば、かかる心配は全然無用のものだと言いたい。米国政府の企図するところは、信教と政府統制の害を峻別し、日本人に対しその好むところのものを信ずる権限を与えんとするものである。

日本民衆に対する軍国主義者および独占資本家による二重政治は、天皇が国家の元首であり、神道の大宗である事実によって更に複雑となる。日の御神たる天照大神の直系として天皇は日本において現人神として思念されてきた。こうした事情から神道が国家政治から分離され、いわゆる祭政一致が破れた時、今上陛下の御退位は避けがたい結論となる。現在の情勢は陛下が祭政二つながらの大宗としての地位を保ち得ないことは明らかである。

しかして陛下が、その何れを捨てねばならぬかは運命が自ずと決定したようにみえる。蓋し陛下はたとえ現世の元首たる地位を棄てるとも、二千六百年以上にわたる国民信仰の対象たる尊厳は投げ出すことは出来ないからである。そこで陛下が近く御退位になり、今後は国民信仰の最高指導者として専念されるであろうと取沙汰されるようになっている。

しかし、ここで問題となるのは、連合国のうちに、陛下を戦争犯罪人として裁判すべしという要求が少なからずあるからである。もしこのような事実が発生した場合、現人神としての天皇の地位はどうなるか、このような情勢下に御退位された場合、天皇制は恐らく日本において、ついに終焉を告げるであろう。神代より続いたとされる日本独得の君主制はここに消滅するであろう。

この論文は大きな問題を私に投げかけたといってもよい。天皇制護持の第一点として祭政を分離して陛下が雲上の神でない、一個の人格であらせられることを明らかにすること、それに陛下の戦争裁判出廷はどのようにしても防がなければならない。米国のなかの進歩的な見解に立つ、この論文のなかから、私は有益な示唆を見出して喜んだ。

陛下もまた新聞を通じて、このような議論が国の内外に盛んになってゆくのを知っておられた。そして思いもかけず、私は陛下の御胸中をじかに聞く機会を得たのである。

陛下は自然に、さりげない態度で語り出されたことだが、その心境を他人に表明なさったことなど、おそらく陛下の御一生にかつてなかったことではあるまいか。それは先の近衛公の手記、あるいは木戸侯の発言に対する陛下の御回答ともいうべき内容だったが、この大戦争についての陛下の積もりに積もった苦悩の告白といってもよかったろう。

苦しみがあってもうったえるべき人のない天皇、グチのやり場もないのが日本の天皇の姿であった。陛下は発言したくても、その意見を公けになさることはなかったわけで、戦争の責任についても、もちろん一言もお述べになったことはない。ただマッカーサー元帥に対して、「一切の責を自分で負う」と表明されただけであった。

しかし、陛下には陛下のお考えがあり、ああすれば戦争を避けられたのではないか、こうもすれば戦争をなお速かに終結できたのではないかと反省され、苦しまれたことも多かったのである。二十一年の二月のことであった。何かの奏上で御前に出ると、「椅子にかけよ」とおっしゃった。私が椅子に坐ると、陛下は心もち身体を前にゆすりながら、静かな声で語られた。常々陛下は朗々とした声で話をなさるので、耳の遠かった鈴木前首相なども、「御前にでて陛下の話が聞きとれぬと困るが、陛下のお声は大きいので楽だ」と言われていたが、この時はお声も低く、しんみりとした調子であった。陛下は単刀直入に、戦争責任論を口になさった。

「申すまでもないが、戦争はしてはならないものだ。こんどの戦争についても、どうかして戦争を避けようとして、私はおよそ考えられるだけは考え尽した。打てる手はことごとく打ってみた。

しかし、私の力の及ぶ限りのあらゆる努力も、ついに効をみず、戦争に突入してしまったことは、実に残念なことであった。ところで戦争に関して、この頃一般で申すそうだが、この戦争は私が止めさせたので終った。それが出来たくらいなら、なぜ開戦前に戦争を阻止しなかったのかという議論であるが、なるほどこの疑問には一応の筋は立っているようにみえる。如何にも尤《もっと》もと聞こえる。しかし、それはそうは出来なかった。

申すまでもないが、我国には厳として憲法があって、天皇はこの憲法の条規によって行動しなければならない。またこの憲法によって、国務上にちゃんと権限を委ねられ、責任をおわされた国務大臣がある。

この憲法上明記してある国務各大臣の責任の範囲内には、天皇はその意思によって勝手に容喙《ようかい》し干渉し、これを掣肘《せいちゅう》することは許されない。

だから内治にしろ外交にしろ、憲法上の責任者が慎重に審議をつくして、ある方策をたて、これを規定に遵《したが》って提出して裁可を請われた場合には、私はそれが意に満ちても、意に満たなくても、よろしいと裁可する以外に執るべき道はない。

もしそうせずに、私がその時の心持次第で、ある時は裁可し、ある時は却下したとすれば、その後責任者はいかにベストを尽しても、天皇の心持によって何となるか分らないことになり、責任者として国政につき責任をとることが出来なくなる。

これは明白に天皇が、憲法を破壊するものである。専制政治国ならばいざ知らず、立憲国の君主として、私にはそんなことは出来ない」

陛下は非常にゆっくりとお話しになった。一語一語、言葉を確かめるように、しかも国民を前にうったえられるような端然とした態度であった。開戦の責任がどこにあるか、陛下としては国民を危機に陥れたことを、決して他の責任にかしてはおられない。自ら一身に引受けることを、マ元帥の前でも申されたとおりであったが、しかしなお国民を困苦窮乏の淵に落さずに済む方策があったかもしれぬと御心痛になっていたのだった。お言葉は終戦時のことに触れた。第二期庁舎の表御座所に冬の陽が射していた。暖房の十分でない室で、陛下のお机の側に、小さな瀬戸物の火鉢があるだけだった。冬の陽はそれだけに暖い思いがした。

「だが、戦争をやめた時のことは、開戦の時と事情が異なっている。あの時には終戦か、戦争継続か、両論に分れて対立し、議論が果しもないので、鈴木が最高戦争指導会議で、どちらに決すべきかと私に聞いた。

ここに私は、誰の責任にも触れず、権限をも侵さないで、自由に私の意見を述べ得る機会を、初めて与えられたのだ。だから、私は予《か》ねて考えていた所信を述べて、戦争をやめさせたのである。

ポツダム宣言の諾否について、両論対立して、いくら論議しても、終に一本にまとまる見込はない。しかも熾烈な爆撃、あまつさえ原子爆弾も受けて、惨禍は急激に増える。

この場合に私が裁決しなければ、事の結末はつかない。それで私は、この上戦争を継続することの無理と、無理な戦争を強行することは皇国の滅亡を招くとの見地から、胸のはりさける想いをしつつも、裁断を下した。これで戦争は終った。

しかし、この事は、私と肝胆相照した鈴木であったからこそ、この事が出来たのだと思っている」

陛下は口をつぐまれた。支那事変の突発、中立政府の意図を無視するように独断で戦線は拡大され、次に日独伊三国同盟、日ソ中立条約、そして第二次世界大戦の突発、日米交渉、日米開戦、敗戦……陛下はじっと、十年間の変遷を回想されているように、沈黙をつづけられた。

私は陛下のお言葉の間中、頭を垂れて聞き入っていたが、終ってもしばし言葉がでなかった。これは非常な御決意をなさっているのではなかろうか、御退位！　というような予感が私の胸中を走った。

《いまは、そのようなことを口になさる時でない。どうか、それはお言葉になさいま

せぬよう……》

私は心中に祈っていた。

私も近衛公の手記などを思い、また近く開かれるという戦争裁判が、どのような形で陛下の責任に触れてくるか、こんな点を瞬時にあれこれと思った。表御座所に、陛下と私は二人っきりの時間を過していた。

当時の帝国憲法には、その第三条に、「天皇は神聖にして侵すべからず」とあったが、これは法律用語で天皇無答責ということで、天皇は政治に関しても、軍事についても、その言動に責任なしということである。では誰に責任があるのか。

同憲法第五十五条に、「国務各大臣は天皇を輔弼し其の責に任ず」とあった。これである。輔弼の閣僚に責任があった。キーナン検事は、この点に触れて、後に次のように述べている。

「……首席検察官として、余は天皇を戦犯人として、起訴する証拠はないと考えていた。証拠の示すところによれば、天皇が終始和平を望んでいたということは、はっきり証明されている。

余は個人としては、天皇を自らの立場を説明するだけでよいから、証人として法廷に出廷させたいと思っていた。しかし同じように国王をいただく英国側から、そういうことは忍び難いとの反対があった。

マッカーサー元帥が余に語ったところによれば、もし天皇が証人として出廷されたならば、天皇自身はわれわれが証拠によって見出した彼に有利な事実をすべて無視し、日本のとった行動について、自ら全責任を引受ける決心であったという。すなわち記録によって、天皇は立憲国の君主であり、また職責上必ず側近者の輔弼にもとづいて行動しなければならなかったことが証明されているが、それにもかかわらず、天皇はもし出廷されたとしたら、このようなことを自己弁解に用いるようなことは一切しなかったであろう」

まさしく的を射た観察であったと思う。側近に侍して、私が陛下に感じていたことを、的確に把握していたのは、キーナン氏も相当の者といわなければなるまい。日本の政治機構にくらく、陛下の真の姿を知らない彼としては相当に調査したことでもあろうが、マ元帥と陛下との御会見のことが、ここでも現実に生きていたのであった。

それにしても、喜びも悲しみも苦しさも、臣下にもらされることなく、一途に生きてこられた陛下の初めて口になさった開戦の責任論は、私の胸をうった。と同時に、鈴木大将に、「私と肝胆相照した鈴木であったから、終戦の大事が出来たのだ」と並々ならぬ信頼をよせておられたことを、改めて拝して感激した。

しばらく経ってから、千葉県関宿《せきやど》に隠棲しておられた鈴木元首相が上京され、侍従長室に私を訪問されたことがあったので、この陛下のお言葉を伝えた。すると鈴木氏は大きくうなずいて、私の差し出した葉巻をうまそうにふかしておられた。この葉巻は吉田外相がマ元帥にもらったものを、私あてに送ってくれたものだった。

終戦決定の大事は、陛下と鈴木元首相の合作であったことが、これで判る。君臣の間に、利害を超越した者のみに通ずる一脈の気魂、これが近衛公、木戸侯には流れなかった。陛下と鈴木大将の間にのみ合致して、これが日本を終戦に導いたといってもよかろう。

老いたる元首相は、私の部屋を立去ろうとして、ゆっくりと立止まって私をふりかえりながら、

「侍従長、私は死にませんよ」

と申された。近衛公の自殺にたとえて、自分の心境を述べられたものと思うが、戦後の再建を陛下と共に見届けるまでは、簡単には死なれぬという、痛烈な気魄を感じ

て、私は一瞬、言葉もなく後姿を見送るだけであった。二・二六事件で危うく一命を落すところを、天は終戦の日のために鈴木貫太郎の一命をとりとめておいたのであったろう。

(この鈴木大将も昭和二十三年春に死去、また陛下の御信任あつかった畏友米内光政もまた時を同じゅうして世を去ったのだった)

人間宣言と退位をめぐって

これより先、新春早々に陛下は歴史的な「人間宣言」をなさった。新春といっても祝膳に供えるものもままならぬほど物資に乏しく、また国民の感情も敗戦にうちひしがれて暗い新年だった。私にとっては侍従長として二度目の新春、しかも国事多端、息つく間もない宮中の生活であった。

ただこの重苦しい新春に、陛下の「人間宣言」が異様なほど新鮮な印象を国民に与えた。

……長キニ亙《わた》レル戦争ノ敗北ニ終リタル結果、我国民ハ動《やや》モスレハ焦躁ニ流レ、失意ノ淵ニ沈淪セントスルノ傾キアリ……

……朕ハ爾等《なんじら》国民ト共ニ在リ……　天皇ヲ以テ現御神《あきつみかみ》トシ、且日本国民ヲ以テ他ノ民族ニ優越セル民族ニシテ、延《ひい》テ世界ヲ支配スベキ運命ヲ有ストノ架空ナル観念ニ基クモノニモ非ズ。

天皇はすでに現人神ではない。国民と同じ人間として、信頼と敬愛でもって堅く結ばれたい。食糧難、産業の停頓、失業の増加など戦後社会の難題を、手をたずさえて解決しようという「人間宣言」は、陛下の平素のお心構えを詔書にしたようなものであった。

神でなく人間である。むしろ国民の側にあった不当の神格化が、こうして陛下自らのお言葉によって破られ、一層、陛下と国民の親近感をましたように思う。

この「人間宣言」は、幣原首相がマ元帥、ホイットニー准将と話し合った結果、発せられることになったものだが、英文の名文家といわれた幣原首相が、初めに英文で起草し、それを和訳したもので、宮内省の詔勅の係官に渡されたが、原文が英文なので、どうも従来の詔書の型にはめにくい。そこで侍従職にもちこまれ、私や侍従次長木下道雄氏らが、あれこれと文案を修正して出来上ったものであった。「人間宣言」らしい調子をと努力したが、一挙にそこまでは出来ず、詔書としては相当風変りな型になっているが、文章はともかく、これは陛下の真意をお示しになった点では歴史的なものである。

陛下は元来、神扱いは嫌われた。むしろ科学者としての現実的な性格をより強くおもちであった。天子は神であるという考えは日本人には古くからあり、徳川幕府時代にも政治の中心者「将軍様」に対して、天子様は長鬚をはやした生き神であるとする考え方が、庶民の間にあった。明治維新によって、この思想が打ち破られ、また個性ある英邁な天皇であった明治天皇の出現で、人間としての天皇が尊敬されていたのに、大正末期から再び、神格化されてきたように思う。

陛下が皇太子として渡英された頃から、この傾向は非常に強く、昭和に入って、いよいよ雲上に奉られた。政治家、重臣、軍部の一部に天皇を神とせねば都合の悪い思想、政治運動が起きたからであった。

陛下は、決してこの神格化を喜んでおられなかった。祭事に熱心なことと、これとは別であった。この「人間宣言」があって二十一年に入ると陛下のご日常は、いよいよ節約につとめられ、大膳課長として当時お台所をあずかっていた佐野恵作《さのえいさく》氏の話によると、次のような御質問を何度かうけたということである。

「どうも、私のたべているパンは、色が白い。配給以外の原料を、使っているのではないか」

陛下の召上るパンはアメリカもののメリケン粉を使って焼いていたので、この旨を申上げると、

「きょうから、すぐにそれをやめてほしい」

と申されて一般なみの黒パンになさった。国民と同じものを食べているという、心からの安心を陛下は求めておられたのだ。

こうした頃、公職追放令がGHQから指示されてきた。直ちに訳文をお手元に差しだすと、ご覧になっていたが、一読後に私に仰せられた。

「随分と厳しい残酷なものだね、これを、この通りに実行したら、いままで国のために忠実に働いてきた官吏その他も、生活できなくなるのではないか。

藤田に聞くが、これは私にも退位せよというナゾではないだろうか」

真剣なお質ねであった。

「マッカーサー元帥が、どう考えているか、幣原総理大臣に聞かせてみようか」

陛下は思いつめた表情をなさった。私は、この退位の件については、かねて考えていたので直ちにお答えした。

「それはなさらぬ方がよろしいと存じます。もしも幣原首相が、マッカーサー元帥に陛下の御退位のことを聞けば、元帥の返事はイエスかノーか二つしかございません。御退位の可能性が二分の一はございます。マ元帥が意見を明らかにすれば、占領下においては引きこみがつきませぬ。また幣原首相としても、御退位の可能性が二分の一あることに対して乗出すことはできませぬ」

部屋は寒々としていたのだが、私は緊張の余り汗をかいていた。陛下はうなずかれた。

「そうか、その考え方もあるな。では幣原に聞かせるのはよそう」

国のためになるならば退位も辞さない。それは退位して、陛下の一身が楽になるというためではない。安きにつくのではなく、国民のため、日本再建に役立つのならば、戦争の責任をとって退位する覚悟、これが陛下のご心境であった。

皇室財産を復興資金に投げ出したいと、これは再三にわたって幣原首相にも催促なさったが、首相は、

「陛下の思召しは分るけれども、皇室が無財産ということも困る。これからの事態の変化で皇室が生活に困られたりしてはならない」と処置を次々に延ばしていた。

陛下は心底から国民生活を心配なさっていた。このことは後になって、国内の各地を巡幸なさった際の卒直な御態度でも知られるが、戦後半歳を経たばかりのこの頃は、陛下としても、どのようにして国民生活の安定をはかるか、政府の施策をいろいろと鞭撻なさっていた。こうした陛下の御心は、国民にもじかに感じとれるのか、爆撃によって荒れた宮城内を清掃して陛下の心にこたえようと、農閑期の二、三日を奉仕作業に上京してくる人達の数は次第に多くなった。

作業団の最初は宮城県栗原郡の青年男女六十三名であったと記憶する。焼跡の整理を三日間にわたって行った。陛下も非常なお喜びで、作業団の働いている場所にお出かけになって、

「よくやってくれて、有難う。御苦労さま」

と心からのねぎらいの言葉をかけられた。喜んだのは奉仕団で、さっそく持参した餅と鶏卵を陛下にと差し上げたが、皇后さまもこれには喜ばれて、

「私もお礼を言いに出かけましょう」

と陛下が行かれた半時間後に奉仕作業の現場に出かけられて、親しくねぎらわれ、餅と鶏卵についても礼を申された。皇居清掃奉仕作業は、以来何年か続き、両陛下が

団員とおあいになるのが慣習のようになったが、これも戦後半歳、皇居が荒廃のままに放置されていた頃に始まった国民と両陛下との心の結びつきである。

私も公職追放令該当者であった。私の経歴のうちで、
①海軍正規軍人であったこと　②海軍省高級副官　③海軍次官　④軍事参議官
この四項目が該当していた。そこで追放令が出た直後に石渡宮相を通じて辞任のお許しを願いでておいたが、なかなか許可がでない。ところがその石渡宮相白身が陛下に辞任を申し出ていたのである。宮相の考えは、自分よりも、追放令該当事項に軽い程度のものが、どんどん適用されている。これを見ながら、自分がいつまでも現職に甘んじていることは良心が許さない、ということであった。この立場を切々とのべる宮相の態度に、陛下も、やむを得ないこととして石渡宮相の辞任をお許しになった。

私は逆に陛下から石渡宮相の辞意を聞いて大いに驚き、実は、私が追放令に該当するので、宮相を通じて辞任を申出ていた旨をお話しし、宮相に先手を打たれたことを申上げると、陛下はやはり寂しい表情をなさった。

「宮中で働いている者にも該当者は少なくないであろうが、急に総てが去っては、疑

惑を生じる向きもあろう」

陛下の御内意はこのようなものであった。そして、とりあえず宮相の後任者を考えるよう仰せられた。私は大金《おおがね》［益次郎《ますじろう》］宮内次官、山梨《やまなし》［勝之進《かつのしん》］学習院院長、宗秩寮《そうちつりょう》総裁松平慶民《まつだいらよしたみ》氏の三人を考え、結局松平氏が適任である旨を陛下にお答えすると、陛下は直ちに松平氏に伝えよと申される。そこで、松平氏の性格からいって陛下から直接に仰せられることの方がよいと思ったので、内意を伝えずに松平氏の参内を求めて、陛下から直接この内命をお伝えになった。帰途、松平氏は、「侍従長にマンマとやられた」と笑っておられたが、こうした点、戦前とは違った人事が宮中でも行われるようになっていた。

五月三日、許されて私も辞任することになった。後任は大金宮内次官であった。私は勝手の違う侍従長職に就任し、その世間一般と異った慣習・儀式を覚えるのに苦労したので、後任者の為にもと思って、侍従長の職務の詳細を書きとめておいたのだったが、後任者が宮内省に長年つとめた大金氏では、このせっかくの侍従長虎の巻も不要だと、お互いに苦笑した。

御前に出ると、「いろいろと御苦労であった」と陛下に慰労のお言葉をいただき、硯箱（陛下のお使いになっていた筆二本）、文机など記念の品々もいただいた。夜は御所で別れの宴が催された。満月に近い月夜であった。大内山に冴えわたる初夏の月、昨年の今ごろは、この月明りも空襲でそれどころではなかったと、思い出話に花が咲く。

ベランダでお茶をいただいていると、甘露寺さんが突然、濶達な声をあげられた。「お上、こん夜は月が四つございますな。ひとつは、あの空の月、ひとつは侍従長の頭の月、あとひとつは塚原《つかはら》［伊勢松《いせまつ》］侍医の頭の月、ひとつは私の……」

みなまで聞かずに陛下も高く笑われた。陛下の笑い声を耳にするのも、幾月ぶりであったろうと、改めて側近奉仕の年月を回想したのであった。

職を辞し、一介の老武人に帰った私は、都塵を避けて愛知県安城市に落ちついた。退任するにあたって、農事御奨励の思召しで関西御巡幸の折には安城にお立ち寄り下さるよう陛下にお願いしておいたのをお忘れなく、二十一年十月、安城市にお宿泊になった。この時にも記念の時計をいただいたし、名古屋御通過にあたって、釣り好きの私を思われたのか、ハエ竿をお届けいただいたりした。

私は海軍生活、さらに侍従長としての生活を通じて、一貫した処生訓に「ガモの弁」というのがある。これは後に海軍中将になった佐藤鉄太郎《さとうてつたろう》氏が中佐で海軍大学校の教官であった時、学生であった私に教えられた言葉である。

それはガとモとの軽重を尊べということである。これガ大事という第一の用件を先決とし、これモ大事だという「モ」は第二義とする、という極めて平易なことなのだが、仕事を行なう上において、この「ガ」と「モ」を識別するのは意外に難かしいことである。何が「ガ」であり、何が「モ」であるか、往々にして見失いがちであった。

ここで思うのだが、陛下は天性、この「ガ」と「モ」の軽重の区別が、非常に上手であった。現在の第一課題を認識して、その解決に直進する。それが終って後に「モ」の方に力をそそぐ。陛下の御日常のなかに、何度かこの私の長年の処生訓に合致する点を見出しては感銘したものである。

敗戦という大動乱の時に、側近く陛下に接した一年九ヵ月。陛下の御人柄はいまに忘れ得ない。祖国は見事に復旧したが、まだ数多く未解決の問題をかかえている。還暦をお迎えになった陛下の御壮健をお祈りしたい。

あとがき

私は明治十三年生れだから、数え年で八十二歳を迎えたことになる。この短かからぬ生涯を一軍人としてその職を海軍に奉じ、明治、大正、昭和三代にわたる国の盛衰を身をもって体験し、通り過ぎた歴史のあわただしさの中に自らを回顧して、きびしい反省に入りまじる感慨を禁ずることができない。

この間におけるいささかの思い出を綴って筐底《きょうてい》に秘めているが、私の生存中この紐を解く意志は毛頭ない。ところが運命ははかり知れないものである。私は軍籍を退いてから、侍従長として天皇の側近に奉仕することになった。しかも、この国の未曾有に際会して、戦勢日に傾く十九年の秋のことである。軍人として、もちろんこの戦争については私としての疑義もあり、戦争指導について私案をもたなかったわけではない。けれども、侍従長としての大任を果すには、文字通り白紙、一切の雑念を去って、一途に陛下の御為を念じた。そしてそこに発見したものは、上御一人の立場に立たされた陛下が、戦争の終結と平和の回復のためにつくされた超人的な努力である。

国の存亡をかけた動乱の舞台に、ただお一人出通して楽屋へ下ることも許されず、その間に陛下がひたすら念じていたことは、勝利とか敗戦とかを越えた、人間同志の信頼と、そこから生れる平和の世界に、いかにしたら戻れるかという祈りである。いますすめられて、一年有半の侍従長としての回想を公けにするのも、あの頃の陛下のおすがたをお伝えする折があれば、との微意に外ならない。

資料のすべてを戦災で焼失したため、叙述に的確を欠き、関係者に現存の方も多く、禍いを他に及ぼすことも顧みられるが、この拙い記録が何かのお役に立てば望外と致すところである。資料の整理その他については、香村正光氏と講談社の井田源三郎氏の手を一再ならずわずらわしたことをつけ加えて厚く御礼を申上げたい。

昭和三十六年十月

愛知県安城の寓居にて

藤田尚徳

解　説

保阪正康

藤田《ふじた》尚徳《ひさのり》が侍従長を拝命したのは昭和十九年八月二十九日である。太平洋戦争の戦況は悪化の一途を辿り、六月の「あ」号作戦の失敗によって、サイパン島は陥落し、この基地から日本本土の爆撃が予想されるときであった。

侍従長職は日々天皇の傍にあって、天皇が政務・軍務をとりやすいよう格別の配慮が必要とされるポストであった。しかも戦況がなおいっそう困難な状態になっていくことが予想されるときだけに、冷静に事態に向きあうタイプでなければ無理というのが、天皇周辺の人びとの判断だったのである。

藤田はこのころ明治神宮宮司の職にあった。それが松平《まつだいら》恒雄《つねお》宮内大臣に侍従長就任を要請されたのだ。時に藤田、六十三歳。その心境を藤田はこう書いている（本書二三ページ)。

宮相の説得にあって、私も決意を固めた。老妻は先年十一月に、すでに此の世を去り、先にお断わりした理由(保阪註:昭和十六年初夏にもいちど要望されていた。しかし、妻が病で伏せているために断わっている)も消滅していたので、最後の御奉公にと引受けたのであった。

前任の百武三郎《ひゃくたけさぶろう》、そのまえの鈴木貫太郎《すずきかんたろう》と、昭和になってすぐから侍従長のポストは海軍が占めるようになっていた。これは伝統的に侍従武官長の職を押さえてきた陸軍に対する海軍の牽制でもあった。藤田の就任は鈴木貫太郎、米内光政《よないみつまさ》の強い推薦を受けてのことであった。このあたりのことは本書の冒頭でも明かされている。

藤田は海軍の先輩として宮中に入った鈴木などの人脈に畏敬の念を持っていたが、そんな点が密かに海軍内部のリベラル派、さらにいえば良識派に好感をもたれ、侍従長にふさわしいと受けとめられた節もある。『日本陸海軍総合事典』(秦郁彦編、東京大学出版会)によると、藤田の主なる軍歴は以下のようになる。主要なポストだけを書いておこう。

生没　明治十三年十月三十日～昭和四十五年七月二十三日
東京生まれ　攻玉社中学校長藤田潜の二男
攻玉社、東京府立一中を経て、明治三十四年十二月海軍兵学校卒
（保阪註：尉官クラスまでは省略）
大正九年十二月………大佐・須磨艦長
大正十年八月…………軍務局二課長
大正十三年十二月……霧島艦長
大正十四年十月………艦政本部総務部長
大正十四年十二月……少将
大正十五年十二月……人事局長
昭和三年十二月………第三戦隊司令官
昭和五年六月…………艦政本部長
昭和七年六月…………海軍次官

昭和九年五月……………呉鎮守府長官
昭和十一年四月…………大将
昭和十一年十二月………軍事参議官
昭和十四年四月…………予備役
昭和十八年八月…………明治神宮宮司

見てのとおり、海軍部内では順調に出世をしたということになる。同時にそのポストへの就任（たとえば昭和七年六月の海軍次官）などは、海軍内部での対立が深まった際に、それを和らげることを期待されての登用であった。いわば組織の混乱時にそれを鎮める役割をもたされるのであり、性格の温厚さや人格陶冶《とうや》に秀でたタイプと見られていたのであろう。

本書にもそういう性格が見事にあらわれている。

一例をあげると、昭和二十年二月に昭和天皇は、戦況の悪化につれてしだいに講和、和平の方向を考えるのだが、そのために六人の重臣と一人の元・内大臣に個別に意見を聞くことにする。藤田は侍従長として、七人のうち五人と天皇とのやりとりすべてに侍立して談話の要点を記録として残している（近衛《このえ》文麿《ふみまろ》元首相のときは、木戸《きど》幸一《こういち》内大臣が侍立を希望したために、その役を降りた）。そのなかで、最後に参内して意見を述べた東條英機《とうじょうひでき》前首相の言動を、あきれはてたとの筆調で本書に記している。そこに藤田の鋭い目があった。その部分をあえて引用しておこう（本書七三〜七四ページ）。

……東条大将は相かわらず意気壮んであると見受けられた。私は侍立しながら、かつて長男が東京帝大を卒業した時に父兄として卒業式に列席したことを想起した。首相として式に臨席して式辞を述べたのが東条大将であったが、その大要は、「人は卒業の席次によってその将来を決するのではない、要は長じて社会に出てからの人格の陶冶である。卒業に際して凡庸の評があっても、後に大成した人は少なくないが、何れも後年、修養に努めた結果である」と述べ、まことに当を得た式辞であったのだが、その後に、「その好例が、かく言う東条である。余は幼にして凡中の凡人であったが……」東条首相は自画自讃をつづけた。

しかも、しだいに父兄たちだけではなく、学生たちも失笑していたというのである。藤田は、いま天皇の前に立っている東條の自信は、「その時と何等変らないようにも見受けられた」と書いている。藤田の目は常に社会の常識や世知の常識という点に据えられていて、東條のようなタイプは不得手だと言っているに等しい。いや、もっといえば、こういう自省に欠けるタイプが指導者であること、そして、彼はいま、国難ともいうべき日本の現実に対して冷静に事象を見つめることができないと示唆しているのである。実際、東條は日本の生産力の低下がどのようになっているのかなどをまったく無視して、ひたすら戦争の遂行だけを訴えた。

藤田は書いている（本書八〇ページ）。

……陛下の御表情にも、ありありと御不満の模様がみられた。しかし、東条大将は委細構わず、立て板に水を流すような雄弁を続ける。

こうした首相の下で進められた戦争とは何であったのか、と藤田の筆は語っているようにも思われる。

藤田の在任期間（昭和十九年八月から昭和二十一年五月まで）は、太平洋戦争末期、敗戦、そして連合国による占領と続く、近代日本史がもっとも揺れたときにはからずも重なる。それだけに本書は歴史的に価値のある基礎的な文献となっている。この時期を藤田の記録を抜きに語ることはできない。しかも記述が平易で、生硬な文献と異なってエピソードが中心になっているので、昭和史を人間的視点で理解しようとする人たちにはもっとも信頼のおける文献といえるだろう。

一方、史料として引用しながら、あるいは引用資料を巻末に掲載しながら、もっと歴史の事象を軸に書けばよかったとの感を持つ向きもあるだろう。そうすることで史料の価値を持ちうるというわけだ。実際にそのような目で見て、この書をそれほど引用しない研究者も少なくない。しかし私は、歴史（とくに現代史）を面白くなくしているのは、そういう歪んだ（とあえて言おう）研究者たちだと思う。

本書は、昭和天皇とその側近がどういう関係をもつことで、相互に信頼感を獲得できるのかを、端的に示している。藤田は、自らと二十歳ほど年齢の離れている昭和天皇に、三つの重要な目をもって接していることがわかる。この三つの重要な目について、私は次のように分析している。

①大日本帝国の主権者としての君主に歴史的使命を自覚してもらうように輔佐する。

②戦争終結をなるべく早めるようにとの天皇の意思を、歴史的意思として尊重し輔佐する。

③敗戦に至ったとしても毅然とした君主であられるよう、その歴史的言動を常に輔佐する。

三つの「輔佐」の役を自らに課した藤田は、それを一年九ヵ月の間、ひたすら守り続けた。その報告書が本書といっていい。加えて藤田は、昭和天皇の孤独や不安、それに不満などをできるだけ和らげようと常に慈父、あるいは信頼できる兄のように接していることがわかってくる。

軍人出身の藤田にとって、太平洋戦争下、陸海軍とも必ずしも真実を天皇に伝えていないことは容易にわかった。そのことは本書の三四ページを読むとすぐに理解できるのだが、藤田は明確に次のように断言している。

戦局の説明は侍従武官長、あるいは参謀総長、軍令部総長から陛下に奏上したが、陸海軍の相克は宮中まで持ち込まれた。南方戦局の劣勢は、真実を覆ったまま武官長の手元に伝えられ、いわばメッキされたニュースが陛下に奏上されたのだ。

このケースは主に陸軍についての批判として語られているが、海軍もまたこのようなケースが多かった。その点では両者とも天皇に対して虚偽の報告をしていた。藤田はこの点では甘さが残るのだが、それでも侍従武官の報告に偽りがあったと断定しているのは貴重でもある。②についてはなかなか軍部の中にその意思が徹底しなかったことを藤田は自省しているような書き方をもしている。

①については、昭和二十年九月二十七日に、天皇とマッカーサーの初会見が行われたが、この準備でも藤田は一役買っていて、その記述自体に藤田は、君主としての自覚を期待している。この第一回の会見記の内容（宮内省の用箋に五枚ほどあったとい

う）について、藤田は天皇が、マッカーサーに対して「（戦争の）責任はすべて私にある。文武百官は、私の任命する所だから、彼等には責任はない。私の一身は、どうなろうと構わない。私はあなたにお委せする」と語ったことが歴史を変えたという意味の記述をしている（実はその後、外務省、宮内庁などが発表した会見記にはこのくだりはない。しかし、宮内省用箋のこの会見記、さらにマッカーサーの回想記などに記述されているこの表現についてはさらに歴史的検証が必要だ）。

ともかく藤田はここに、天皇の歴史的使命があるとの認識を示している。本書はその点で意義深い。

③についてだが、藤田は「苦しみがあってもうったえるべき人のない天皇、グチのやり場もないのが日本の天皇の姿であった」と書き、昭和二十一年二月に藤田が天皇の前にでたとき、「椅子にかけよ」と言われて、天皇の胸中をあますところなく聞かされたことを書き残している（本書二〇七〜二〇八ページ）。ここで藤田は天皇のこのころの苦衷を聞かされる。

それは開戦を止められなかった悔しさと憲法上それができなかったという自らの心情についての吐露であった。この天皇の胸中の言のゆきつく先は「御退位」である。

藤田は、心中で《いまは、そのようなことを口になさる時でない》と祈ったのだという（本書二一〇～二一一ページ）。

　こうして具体的に検討していくと、本書は、「天皇の一人の側近が、もっとも重要な時期の記憶を土台にして残した記録」「昭和二十年を挟んでの二年間の天皇の息づかいを忠実に伝えている資料」と結論づけられる。それゆえに第一級の文献たりえていると、私は断じたいのである。

　最後につけ加えておかなければならない。

　平成二十六年（二〇一四）八月に、宮内庁書陵部によって『昭和天皇実録』が今上天皇に奉呈されたことが公表され、九月には内容が公開された。昭和天皇の八十七年の生涯を編年体で丹念に綴った歴史書ということになるが、この書を編むために三千点近くの参考文献が用いられている。引用される頻度が高い文献は限られているが、本書はそのなかでもかなり引用数が多い。

　敗戦直後の昭和天皇の矜恃をもった言動は、この藤田の書によって裏づけられたということもできるだろう。昭和天皇の真の側近は誰か、本書はその答えになっていると私には思えるのである。


（ほさか・まさやす／ノンフィクション作家）

KODANSHA

本書の原本は、一九六一年に小社より刊行されました。
また、一九八七年に中公文庫からも刊行されています。

藤田尚徳（ふじた　ひさのり）

明治～昭和時代前期の軍人。1880年東京に生まれる。海軍兵学校（29期）卒業。海軍大学校卒業。海軍省人事局長、艦政本部長、海軍次官、呉鎮守府司令長官など要職を歴任。1936年に大将。1939年に予備役編入。1943年に明治神宮宮司。1944～46年、侍従長として終戦前後の昭和天皇の側近に侍す。1970年没。

講談社学術文庫

定価はカバーに表示してあります。

侍《じ》従長《じゅうちょう》の回想《かいそう》

藤《ふじ》田《た》尚徳《ひさのり》

2015年3月10日　第1刷発行
2025年5月9日　第6刷発行

発行者　篠木和久
発行所　株式会社講談社
東京都文京区音羽2-12-21 〒112-8001
電話　編集（03）5395-3512
販売（03）5395-5817
業務（03）5395-3615

装　幀　蟹江征治
印　刷　株式会社新藤慶昌堂
製　本　株式会社国宝社

ISBN978-4-06-292284-5

「講談社学術文庫」の刊行に当たって

これは、学術をポケットに入れることをモットーとして生まれた文庫である。学術は少年の心を養い、成年の心を満たす。その学術がポケットにはいる形で、万人のものになることは、生涯教育をうたう現代の理想である。

こうした考え方は、学術を巨大な城のように見る世間の常識に反するかもしれない。また、一部の人たちからは、学術の権威をおとすものと非難されるかもしれない。しかし、それはいずれも学術の新しい在り方を解しないものといわざるをえない。

学術は、まず魔術への挑戦から始まった。やがて、いわゆる常識をつぎつぎに改めていった。学術の権威は、幾百年、幾千年にわたる、苦しい戦いの成果である。こうしてきずきあげられた城が、一見して近づきがたいものにうつるのは、そのためである。しかし、学術の権威を、その形の上だけで判断してはならない。その生成のあとをかえりみれば、その根は常に人々の生活の中にあった。学術が大きな力たりうるのはそのためであって、生活をはなれた学術は、どこにもない。

開かれた社会といわれる現代にとって、これはまったく自明である。生活と学術との間に、もし距離があるとすれば、何をおいてもこれを埋めねばならない。もしこの距離が形の上の迷信からきているとすれば、その迷信をうち破らねばならぬ。

学術文庫は、内外の迷信を打破し、学術のために新しい天地をひらく意図をもって生まれた。文庫という小さい形と、学術という壮大な城とが、完全に両立するためには、なおいくらかの時を必要とするであろう。しかし、学術をポケットにした社会が、人間の生活にとってより豊かな社会であることは、たしかである。そうした社会の実現のために、文庫の世界に新しいジャンルを加えることができれば幸いである。

一九七六年六月　　　　野間省一